Iseosee - Reiseführer

Zwischenräume Verlag

Inhaltsverzeichnis

Iseosee - Lago d'Iseo - Sebino

Die Römer nannten ihn einst **Lacus Sebinus**: den Lago d'Iseo, mit 65,3 km^2 Fläche der sechstgrößte See Italiens! Der Iseosee ist einer der schönsten Seen Italiens! Er erfüllt mit seinem spektakulären Landschaftsbild aus Wasser, Bergen und mittelalterlich anmutenden Ortsbildern die Vorstellungen der meisten Besucher von der idealen Ferienregion, dem '**bel paese**'. Trotzdem hat er aber längst nicht die touristische Bekanntheit, die der Gardasee oder der Lago Maggiore vorweisen können. Auch der Comer See ist weit populärer. Über die Gründe dafür kann nur spekuliert werden: zum einen mag es daran liegen, dass sich die Provinzen Brescia und Bergamo nicht auf ein gemeinsames Marketing-Konzept einigen konnten und können, zum anderen an der hiesigen Infrastruktur, die den Ansprüchen der Gäste häufig nicht zu genügen scheint. In den gängigen Urlaubsportalen wird beispielsweise häufig von fehlenden Shoppingmöglichkeiten, zu wenig Freizeit-Attraktionen und auch nur mäßig ausgestatteten Unterkünften berichtet. Für die meisten Besucher allerdings nur schwer oder gar nicht nachvollziehbar! Soll vielleicht einfach verhindert werden, dass sich das gesamte Leben der Anrainer nur noch um den Tourismus dreht? Die Grundstückpreise folglich ins Unermessliche steigen und sich die Region ähnlich anderer Urlaubshochburgen nachhaltig (nicht immer positiv) verändert?

In der Tat geht es am Iseosee ruhig zu, große von Menschenhand geschaffene 'Attraktionen' fehlen und die Werbemaschinerie läuft bescheiden. Dass die Besucherzahlen in den letzten Jahrzehnten trotz allem eine erfreuliche Entwicklung aufzeigen, liegt zweifelsohne an dem, was See und Umgebung zu bieten haben: eine grandiose, vielfältige und wenig berührte Natur, Urlaub jenseits des Massentourismus, und das [noch] zu relativ günstigen Preisen. Der Iseosee ist zweifelsohne etwas Besonderes! Es lohnt sich in jedem Fall ihn zu besuchen und sich selbst ein Bild zu machen.

Die Charakteristik des Lago d'Iseo

Der Lago d'Iseo weist eine überaus sehenswerte und vielseitige Uferlinie auf: von steil abfallend im Nordwesten bis sanft ansteigend im Süden. **Zwischen Marone und Pisogne** sowie auf der gegenüberliegenden Seeseite beeindrucken fast senkrecht stehende Felsformationen mit abenteuerlichen Wegen am Ufer und in den Bergen. Diese erreichen direkt am See Höhen um die 1 500 m, bei einer Seehöhe von ca. 200 m also keine 'Hügelchen'. Wanderungen zwischen 400 und eben 1 300 Höhenmetern sind möglich, schöne Gipfelblicke inklusive. Hinweise zu lohnenden Strecken finden Sie bei den jeweiligen Orten hier im Buch, wo sich auch die Ausgangspunkte befinden. Die Landschaft im Dreieck zwischen der **Monte Isola und den Ortschaften Pisogne und Lovere** im Norden des Sees am schönsten; der Blick beispielsweise von Sale Marasino in Richtung 'nördlicher See' ist wirklich begeisternd. Im Süden hingegen laufen die Berge allmählich aus, und schon nach kurzer Zeit erinnert nichts mehr an die mächtigen Alpen im Norden. Diese Gegend rund um die Orte Paratico, Sarnico und Clusane ist somit fast eben, der ein oder anderen Radtour steht also nichts im Wege; besonders schön ist die Strecke entlang des Flusses Oglio, der den See bei Sarnico verlässt. Die **Strada del Franciacorta** ist ebenfalls sehr beliebt und bietet Einblicke in die legendäre Schaumweinproduktion.

Das im Süden liegende Iseo gibt dem Lago seinen Namen und ist die unangefochtene Nr. 1 am See, mit 8 000 Einwohnern sowieso die größte Gemeinde und zudem mit einem guten Angebot an Hotels und anderen Unterkünf-

WANDERN AUF DER MONTE ISOLA

ten ausgestattet. In den Monaten Juli und August ist hier der Saisonhöhepunkt, zahlreiche Cafés und Bars machen die Promenade zur Partymeile, alles aber im erträglichen Rahmen und auch familientauglich. Iseo ist aber immer einen oder mehrere Besuche wert, hier gibt es die meisten Shopping-Angebote, die großen Schiffsrundfahrten beginnen hier und es gibt ein Einkaufzentrum mit Outlet ca. 5 km südlich des Ortes. Aber auch die kleineren Orte, die sich hauptsächlich an der Brescia-Seite finden, können mit den 'Großen' mithalten. Meist bieten sie gute Einstiege für attraktive Strecken zum Wandern und Bergsteigen. Hübsch am Hang gelegene Unterkünfte mit schönen Blicken auf das Treiben unten in den Städten vervollständigen das Bild. **Haupt-Attraktion am Lago ist die Monte Isola**, die per Fährbetrieb vom Festland alle 20 Minuten zu erreichen ist. Die Insel lässt sich zu Fuß wunderbar erkunden und bietet in jedem Ort eine kleine Besonderheit, die es zu entdecken gilt. Die Insel ist weitgehend autofrei! Wie auch am gesamten See finden sich in fast jeder Ortschaft ein vernünftiges Strandbad (kostenfrei) mit kleinen Kiosken, die mitunter eiskalte Getränke bereithalten. Meist geht es über Leitern ins türkis-grüne und klare Wasser; lediglich in sehr warmen Sommern werden gelegentlich Wasserpflanzen ans Ufer gespült.

Mit dem **Weinanbaugebiet Franciacorta** hat sich in den letzten Jahrzehnten ein für die Region bedeutender Wirtschaftszweig entwickelt, der mit hoch dekorierten Schaumweinen von sich reden macht. Weindegustationen und Urlaub auf dem Weingut sind inzwischen ein fester Bestandteil des lokalen Angebots, zahlreiche, meist gehobenere Unterkünfte haben sich etabliert. Die **Boario-Quelle** versorgt zudem den ganzen See mit frischem Mineralwasser, rein naturale oder frizzante, wie es der deutsche Urlauber bevorzugt. In fast allen Restaurants wird es ausgeschenkt und schmeckt vorzüglich. Die Quelle ist wegen seines hohen Magnesiumanteils schon seit dem Ende des 18. Jahrhunderts als Heilbad anerkannt.

Die Esskultur wird am Lago d'Iseo sehr groß geschrieben. Die Karten der hiesigen Gastrobetriebe offerieren im Wesentlichen **Fisch aus dem See** (Barsch, Schleie, Felche), **Risotto mit Zutaten aller Art** und **traditionelle Fleischgerichte**; die bäuerliche Polenta wird dann gerne als Beilage serviert. Pizza in allen Variationen gibt es meist nur am Abend, wenn der traditionelle Holzbackofen auf Temperatur gebracht ist. Gerne werden vor dem Abendessen haufenweise Antipasti zu alkoholischen Getränken gereicht. Die Konkurrenz ist hier inzwischen riesig und es lohnt sich die Augen offen zu halten. Achten Sie auf Hinweisschilder mit der Aufschrift '**tavola da pranzo di lavore**'; der italienische Mittagstisch bietet zwei Gänge Essen, eine Flasche Wasser, einen Viertel Wein und Café zum Abschluss. Um die lokale Küche kennenzulernen, gibt es nichts Besseres. Tipp: bis über die Grenzen des Sees hinaus bekannt sind die **Salame Monte Isola** und das **Olio di Olive di Marone**.

Campingplätze sind wieder en vogue, vor allem im Süden liegen diese meist direkt am See und bieten einen guten Service. Selbst im Juli und August gibt es irgendwie immer noch einen freien Platz, z.B. in Marone oder in Iseo. Viel Aufmerksamkeit erhalten inzwischen die **Wohnmobilstellplätze** (area sosta camper). Sie bringen zwar nicht das große Geld, die Kommunen stellen trotzdem immer mehr Grundstücke bereit; nicht immer sind diese attraktiv und gut platziert. Der Preis für eine Übernachtung zählt und man reagiert auf die steigende Nachfrage.

Ferienwohnungen und Ferienhäuser gibt es in jedem noch so kleinen Ort. Aufgrund der Lage muss man allerdings gut überlegen, was einem wichtig ist: nur ein Beispiel ist, ob man die **Sonne lieber früh am Morgen** oder **spät am Abend** genießen möchte. Entsprechend wählt man die Ost- oder Westseite des Sees. Wer nicht unbedingt am See wohnen möchte, wählt eine Unterkunft **ein paar Höhenmeter weiter oben** und wird mit längeren Sonnenzeiten und Traumblicken auf See und Umgebung belohnt.

DIE BERÜHMTE RIVA LIEGT IN ISEO IM HAFEN.

Hotels und B&Bs gibt es in allen Kategorien, die Preise reichen von günstig bis astronomisch, es gibt sie auch direkt am See. Wen es in die Berge zieht, der wählt einen der zahlreichen **Agriturismo-Betriebe**, meist ehemalige landwirtschaftliche Anwesen, die günstige Unterkünfte und teilweise lokale Hausmannskost bieten. Neu sind ‚Angebote von privat' über diverse Vermittler, der bekannteste ist schon lange die Firma Airbnb. Menschen stellen für einen bestimmten Zeitraum ihre Wohnung zur Verfügung, es handelt sich im Idealfall um eine real bewohnte Wohnung zur Kurzzeitmiete. Natürlich nutzen viele Anbieter diese Portale auch dazu, ihre Fewos zu vermitteln; ein erfahrenes Auge erkennt den Unterschied!

Die Entwicklung der Region

Die Römer brachten einst die Olivenbäume mit in den Norden, die bis heute ein wichtiger Ertragszweig für die Menschen am See sind. Die Qualität der Oliven und der daraus resultierenden Öle ist überdurchschnittlich, zahlreiche Feste (z.B. in Marone) ehren die schwere und anspruchsvolle Ölerzeugung. Aus den letzten Jahrhunderten haben sich noch viele kleine Handwerksbetriebe erhalten, die die Kunst der Holz- und Metallverarbeitung verstehen und wesentlich zum wirtschaftlichen Erfolg der Region beitragen. Weltruhm haben zwei Firmen erreicht, die hier am Iseosee angesiedelt sind: **die Firma Riva** mit ihren unvergesslichen und legendären Holzbooten und **die Firma Beretta**, die mit ihrer Waffentechnik schon früh die Welt erobert hat und heute zu den erfolgreichsten Pistolenherstellern gehört. Beretta ist im Nachbartal, dem Val Trompio, angesiedelt; die Firma besitzt auch eine der kleinen Inseln im Iseosee und ist einer der wichtigsten Arbeitgeber der Region. Für pure Eleganz, Kraft und Lebensart stehen seit jeher die unverwechselbaren und oft erfolglos kopierten **Mahagoni-Boote der Firma Riva aus Sarnico**. Ganz klein und einfach begann die Erfolgsgeschichte um den Bootsbauer **Carlo Riva** vom Comer See, der einst nach Predore kam und seine Bootsbautechnik zur Weltspitze brachte. Gut erhaltene Boote werden heute zu Höchstpreisen bis jenseits der 100.000 € gehandelt.

Kulturell zeigt sich der Iseosee vielseitig, aber bodenständig. Neben den vielen Heiligen-Festen werden hauptsächlich saisonale **Events zu Ehren der landwirtschaftlichen Erzeugnisse** gefeiert: Fisch, Oliven, Käse, Wein und Honig, um nur einige Beispiele zu nennen. Verkostung und Verkauf der regionalen Produkte sowie ein musikalisches Rahmenprogramm mit Tanz unterhalten zahlreiche Gäste. Meist werden in den teilnehmenden Restaurants komplette Themen-Menüs angeboten. Viel Wert legen die Heimatvereine der Kommunen auf die Darstellung ihrer Geschichte. Zahlreiche und gut gemachte Infotafeln stehen an den historischen Orten und informieren über die geschichtliche Details der letzten Jahrhunderte. Folglich ist die Strecke entlang eines alten Handelswegs, der '**Strada Antica Valeriana**', nicht nur vorbildlich ausgeschildert, sondern auch mit unzähligen Infos zu Bauwerken und anderen Geschichtsdaten versehen. Das hat nicht nur in Italien Seltenheitswert! Bravo!

ANTICA STRADA VALERIANA

IL CAMMINO DELL'ANTICA VIA VALERIANA
DIE VIA VALERIANA

Il Cammino dell'Antica Via Valeriana si sviluppa lungo il Lago d'Iseo e la Valle Camonica.
L'itinerario parte da Pilzone d'Iseo e giunge a Edolo dove si divide in due tronconi, uno verso il Passo dell'Aprica e uno verso il Passo del Tonale. Si sviluppa per circa 140 km ed è diviso in 9 tappe.
Il percorso si snoda per la maggior parte lungo la mezza costa dei rilievi montani.
Nonostante sia un itinerario di media difficoltà presenta comunque alcune salite e discese abbastanza impegnative. Il senso del Cammino è unidirezionale: partendo da Pilzone si segue la sponda sinistra del Lago d'Iseo e poi la sinistra orografica della Valle Camonica fino al centro di Boario Terme, dove attraversando il paese, si passa sulla destra orografica, per poi tornare sul versante sinistro da Edolo fino a Ponte di Legno.

Der Weg der Via Valeriana verläuft entlang des Iseosees und des Valle Camonica.
Die Route beginnt in Pilzone d'Iseo und erreicht Edolo, wo sie sich in zwei Abschnitte teilt, einen zum Aprica-Pass und einen zum Tonale-Pass.
Der Weg ist ca. 140 km lang und in 9 Etappen unterteilt.
Die Route verläuft größtenteils auf halber Höhe der Gebirgszüge. Obwohl es sich um eine Route von mittlerem Schwierigkeitsgrad handelt. Verlaufs der Berge einige anspruchsvolle Auf- und Abstiege.
Die Wegrichtung ist unidirektional. Von Pilzone aus folgt man dem linken Ufer des Iseosees und dann die orografische Linksseite des Valle Camonica bis zum Zentrum von Boario Terme, wo man beim Durchqueren des Ortes auf die orografische Rechtsseite wechselt und dann von Edolo nach Ponte di Legno auf die linke Seite zurückkehrt.

Schifffahrt und Wochenmärkte

Wie an jedem oberitalienischen See verbindet eine **leistungsstarke öffentliche Schifffahrt** die meisten Ortschaften des Iseosee regelmäßig und verlässlich. Die mittelgroßen Schiffe eignen sich ganz besonders, den See vom Wasser aus kennenzulernen; bei Gefallen steigt man einfach aus und später wieder problemlos zu (Fragen Sie unbedingt nach den Tages- und Mehrtageskarten für den See und die Region). Mehrmals täglich wird die **Hauptverbindung Pisogne - Isola - Iseo - Sarnico** bedient, unterwegs werden die meisten kleineren Orte angefahren. Trotzdem sollte man immer einen Fahrplan mitführen (liegt überall aus), man vermeidet so schweißtreibende Sprints zur Anlegestelle und teure Wassertaxifahrten mit der privaten Konkurrenz. Glücklicherweise verläuft an der Ostseite des Sees die alte **Bahnlinie von Brescia bis ins Valcamonica**, die um 1850 eine technische Meisterleistung war und die wirtschaftliche Entwicklung der Region rasant beschleunigte. Im Stundentakt fahren die Regionalzüge von Süd nach Nord und umgekehrt und nehmen unterwegs z.B. Etappenwanderer wieder zurück an ihren Ausgangspunkt. Die Preise sind sehr niedrig und die Tickets können auch direkt im Zug beim Schaffner (oder am Automat) gelöst werden; das Stempeln nicht vergessen!

Glücklicherweise gibt es hier - wie an jedem anderen italienischen Ort - **die beliebten Wochenmärkte**. Sie bieten je nach Größe ein durchaus attraktives Warensortiment: von den obligatorischen Socken bis hin zu regionalen Spezialitäten wird so ziemlich alles angeboten. Bei den jungen Leuten stehen die 'Fritto misto'-Wägen hoch im Kurs, die so irgendwie alles frittieren, was möglich ist.

Die offizielle Webpräsenz für den Iseosee findet sich unter www.lagodiseo.org; die Seite ist nicht sehr schön, bietet aber interessante Tipps für die Urlaubsplanung. Im deutschen Sprachraum sorgt die Website www.iseosee-info.de für den nötigen Wissenszuwachs, mit Tipps zu Ausflügen, Hotels und anderen praktischen Dingen. Monte Isola-Fans besuchen www.tuttomonteisola.it - leider nur auf Italienisch, dafür aber sehr ausführlich und mit viel Liebe geführt. Wer Infos lieber direkt abfragt, wendet sich am besten an die örtliche Touristen-Information in Iseo (dort spricht man auch Deutsch). Zu finden ist das Büro direkt an der Uferpromenade, ca. 150 m nördlich des kleinen Hafenzentrums.

Der See und die Region

Der Iseosee ist Teil einer abwechslungsreichen Landschaft inmitten der **Lombardei**, der wirtschaftlich so bedeutenden Region Italiens. Der Lago d'Iseo muss sich überhaupt nicht vor den berühmten Nachbarseen **Lago di Garda** oder **Lago di Como** verstecken. Interessant sind die mannigfaltigen Ausflugsmöglichkeiten dieser Region z.B. nach Bergamo, Brescia, nach Verona oder in die abwechslungsreiche Bergwelt rund um den See.

Die Lombardei

Die Lombardei ist mit knapp 24 000 km^2 zwar nur die viertgrößte Region Italiens, hat aber fast 10 Millionen Einwohner und ist damit die am dichtesten besiedelte Region des Landes. Sie umfasst insgesamt zwölf Provinzen und grenzt im Norden an die Schweiz. **Hauptstadt der Lombardei ist Mailand**. Die Region gilt als bedeutendste Wirtschaftsregion in Italien und wird vor allem durch Banken und den Handel geprägt. Das verarbeitende Gewerbe spielt ebenfalls eine große Rolle, vor allem in der wichtigen Industriemetropole Brescia südlich des Lago d'Iseo. Aus diesem Grund liegt die Arbeitslosenquote auch regelmäßig deutlich unter dem italienischen Durchschnitt. Landschaftlich zeichnet sich die Lombardei durch eine enorme Vielfalt aus: Während sie im Norden alpine Regionen umfasst, herrscht weiter südlich in der flachen Poebene bereits ein völlig anderes Klima, sodass dieses Gebiet auch den Beinamen '**Kornkammer Italiens**' trägt: Weizen und Mais gedeihen hier besonders gut. Viele große Seen sind in der Lombardei zumindest zu einem Teil zu finden, so unter anderem der **Lago Maggiore**, der **Comer See**, der **Iseosee** und der **Gardasee**.

Teile der Lombardei sind äußerst bekannte Weinanbaugebiete: Vor allem der **Bardolino** und der **Valpolicella** erfreuen sich in ganz Europa großer Beliebtheit. Im Kommen ist das Weinanbaugebiet '**Franciacorta**' in unmittelbarer Nachbarschaft zum Iseosee. Hier werden seit ca. zehn Jahren einige der besten Schaumweine Italiens produziert. Die größten Städte in der Region sind **Mailand**, **Bergamo**, **Brescia**, **Monza** und **Pavia**. Als wirtschaftlicher Motor des Landes spielen sie eine äußerst große Rolle. Dennoch ist die Lombardei auch reich an Sehenswürdigkeiten, Kunstschätzen und landschaftlichen Schönheiten. Vor allem die zahlreichen historischen Stadtkerne ziehen Jahr für Jahr unzählige Touristen aus der ganzen Welt in ihren Bann. Hier sind vor allem die imposanten Sakral- und Profanbauten beliebte Anlaufpunkte. Auch die Natur zeigt sich in der Lombardei von ihrer schönsten Seite. Mehr als 20 regionale Naturparks und über 80 kleinere Naturschutzgebiete präsentieren eine atemberaubende Landschaft mit einer vielfältigen Flora und Fauna. Zahlreiche Flüsse durchziehen die Region, besonders bekannt sind die **Adda**, der **Lambro** und der **Orio**: Sie alle entspringen in der reizvollen Alpenregion der Lombardei.

Bekannte Thermalbäder wie San Pellegrino oder Bormio, attraktive Skigebiete und natürlich die eleganten Einkaufsmeilen in der Modemetropole Mailand sind weitere Gründe, warum die Lombardei als Feriendestination immer beliebter wird. Auf Tradition und Brauchtum legen die Menschen in der Lombardei großen Wert. Viele historische Feste finden in den Städten und Orten statt, vor allem zu Ehren der Schutzheiligen. Eindrucksvollstes Beispiel ist das Fest zu Ehren des Mailänder Schutzpatrons '**Sant'Ambrogio**', das auch die Menschen aus weiter entfernten Städten und Orten anlockt. Ein Ereignis von enormer gesellschaftlicher Bedeutung ist außerdem die alljährliche Eröffnung der Saison in der **Mailänder Scala** Anfang Dezember. Kulinarisch hat die Lombardei ebenfalls eine Menge zu bieten. Bekanntestes Gericht ist wohl das Mailänder Schnitzel, daneben spielen aber auch Risotto mit Safran sowie eine köstliche Eiersuppe aus Pavia eine große Rolle. Weltbekannte Käsesorten stammen ebenfalls aus dieser Region, man denke nur an den Gorgonzola oder den Mascarpone.

Die **offizielle Internetseite der Lombardei** findet man unter www.regione.lombardia.it. Auf Italienisch und Englisch kann man sich über nahezu alle Belange der Provinz informieren. Touristisch interessanter geht es auf www.turismo.regione.lombardia.it zu, alle Regionen und Sehenswürdigkeiten werden ausführlich und mit viel Infomaterial (auch zum Download) und Bildern vorgestellt, eine wirklich vorbildliche Webseite aus Italien.

Die Provinz Bergamo

Politisch ist der Iseosee zweigeteilt: der westliche Teil gehört zur Provinz Bergamo, der östliche zu Brescia, die Grenze liegt genau in der Mitte des Sees. Die Bergamo-

Seite ist bis auf das Gebiet um Sarnico die unzugänglichere der beiden, die Felsmassive zeigen sich schroff und ragen an vielen Stellen steil auf. Interessant ist das **Riserva Naturale Valle del Freddo**, sozusagen die Kältekammer der Region und das einzige Naturschutzgebiet der näheren Umgebung; es liegt an einer nördlichen Bergflanke im Valle del Fontane zwischen Lovere (am Iseosee) und dem **Lago d'Endine**, einem ebenfalls sehenswerten kleinen und schmalen, in großen Teilen naturbelassenen Bergsee mit gleichnamigem Naturpark. Ein weiterer hoch gelegener Naturpark findet sich weiter südlich oberhalb von Tavernola Bergamasca. Nicht minder interessant ist der **Parco dell`Alto Sebino** westlich von Costa Volpino. Allen gemeinsam ist ein breites Wanderwegenetz mit unterschiedlichen Schwierigkeitsgraden.

Die Stadt Bergamo

Zwischen den letzten Alpenausläufern und der fruchtbaren Po-Ebene gelegen, war die Gegend um Bergamo schon früh ein für Siedler attraktives und begehrtes, später auch häufig umkämpftes Territorium. Ab etwa dem 5. Jahrhundert vor unserer Zeitrechnung war die Region vom keltischen Stamm der Cenomani dauerhaft besiedelt, 300 Jahre später eroberten die Römer die Stadt und tauften sie '**Bergonum**'. Nach Überfällen und Plünderungen durch die Hunnen und Herrschaft der Langobarden, Franken und Lombarden zwischen dem 5. und 13. Jahrhundert, gelangte Bergamo in die Regierungsobhut Mailands und danach sehr viel längere Zeit unter die Venedigs.

Das 19. Jahrhundert war durch die Regentschaft Napoleons und der Habsburger sowie des Königreichs Sardinien geprägt, eine bedeutende Rolle spielten Bergamos Bewohner im Rahmen der italienischen Freiheits- und Einigungsbewegung '**Risorgimento**' (Widererstehung) beim 'Zug der Tausend' zur Befreiung Süditaliens im Jahr 1860, wo diese die größte teilnehmende Gruppe stellten. Heute hat die Stadt Bergamo rund 120 000 Einwohner. Neben der vielfältigen Industrie (Elektro, Chemie, Mineralien, Eisen und andere Metalle, sowie Marmor und Textil) sind Bergamo und die gleichnamige Region auch landwirtschaftlich geprägt. Nicht von ungefähr ist die Stadt für ihre Polentagerichte und den aromatischen Taleggio-Weichkäse bekannt, regional hauptsächlich angebaut werden Getreide wie Mais und Reis. Weinanbau, Viehzucht und Weidewirtschaft sind ebenso bedeutsam wie die intensive Jagd auf Wild in den ausgedehnten Wäldern der Umgebung.

Die von der venezianischen Stadtmauer aus dem 16. Jahrhundert umgebene, unter Denkmalschutz stehende Altstadt von Bergamo beherbergt auf relativ kleinem Raum zahlreiche historische architektonische Attraktionen, weshalb sie sich auch bestens als Tages- oder Wochenendausflug für Kultur interessierte Urlauber anbietet. **Der mittelalterliche Stadtkern Città Alta** (Oberstadt) samt seiner vier **Stadttore Sant' Agostino, San Giacomo, Sant' Alessandro und San Lorenzo** (Giuseppe Garibaldi) ist heute weitgehend verkehrsberuhigt und am bequemsten über die Seilbahn ('Funicolare') von der Viale Vittorio Emanuele 60 aus erreichbar. Oben angekommen erwarten einen nahezu zeitlos konservierte Plätze wie die **Piazza Mercato delle Scarpe** (Platz des Schuhmarktes), die **Piazza Vecchia** (Alter Platz) mit dem **Contarinibrunnen**, der **Palazzo della Ragione** (Palast der Vernunft) sowie der Stadtturm und die einst für den Markt geplante **Piazza Mascheroni**. Zahlreiche Bauten der Romanik, des Barock und der Renaissance wie die **Basilika Santa Maria Maggiore** aus dem 12. Jahrhundert, die **Cappella Colleoni in Bergamo** (Grabmal des lokalen Adeligen Bartolomeo Colleoni aus dem 15. Jahrhundert), und der Dom von Bergamo aus dem 16. Jahrhundert liegen nur wenige Gehminuten voneinander entfernt. Ebenfalls sehenswert sind die **Kirche San Rocco** von 1513 und der **Hügel S. Eufemia**, wo einst die Kelten lebten und die Römer eine große Altaranlage errichteten. Bergamo verfügt darüber hinaus auch über mehrere empfehlenswerte Museen, darunter die im Jahr 1793 eröffnete Accademia Carrara mit ca. 1 800 Bildern aus dem 15. bis 19. Jahrhundert. Einem Sohn der Stadt, dem Musiker und Komponisten **Gaetano Donizetti** (1797-1848) ist das gleichnamige Museum gewidmet. Im naturwissenschaftlichen Museum 'E**nrico Caffi**' kann man ein 700 000 Jahre altes Hirschskelett und die große Saurierabteilung bewundern; das in der Zitadelle untergebrachte archäologische Museum glänzt hingegen mit Ausstellungsstücken ab und aus dem Neolithikum.

Doch Bergamo als altehrwürdiges wie auch aktuelles Herz der Lombardei schwelgt bei Weitem nicht nur in seiner bewegten und ereignisreichen Vergangenheit. Die Stadt, die sich seit dem Mittelalter gerne an ihrer Nachbarin und tendenziellen Rivalin Brescia weiter südlich misst, hat weitaus mehr vorzuweisen. So ist auch die **Città bassa** (Unterstadt), das moderne Zentrum der Stadt, reich an sehenswerten Bauwerken, Plätzen und Straßen in den einst eigenständigen Dörfern und heutigen Stadtteilen Borgo Palazzo, Borgo San Leonardo und Borgo Santa Caterina.

Zu nennen sind hier vor allem der bei den Einheimischen wie Gästen gleichermaßen beliebte Spazierweg Sentierone, der **Torre dei Caduti** (Turm der Gefallenen), die **Kirche San Bartolomeo** und die **Propyläen von Porta Nuova** an der Viale Vittorio Emanuele. Ebenfalls im unteren Teil Bergamos befinden sich das Touristikinformationszentrum im Urban Center oder die **Piazzetta Santo Spirito** an der Via Pignolo mit ihrer kleinen Kirche. Von dort aus führt die elegante Einkaufsstraße Via Tasso ins Zentrum: hier präsentieren sich vielerlei Läden, Geschäfte und Boutiquen in der Via Venti Settembre, um die Piazza Pontida sowie in der Via Sant'Alessandro und der Via Botta. Ganz in der Nähe des Stadtteils Colognola liegt Bergamos Flughafen Il Caravaggio International Airport. Redona wiederum ist für den 546 m hohen Berg Maresana und die zahllosen Esskastanienbäume bekannt.

Doch das Umland von Bergamo ist auch ein populäres Ski- und Wintersportgebiet: die beiden hoch gelegenen Viertel Valverde und Valtesse gelten im Winter als recht schneesicher. Alpinski, Langlauf, Schneeschuhwandern, Snowboarding und Eisklettern kann man an vielen Stellen im nahen Orobie-Gebirge ausüben, zum Beispiel in Foppolo, Carona, San Simone, Piazzatorre, Piani Dell'Avaro di Cusio, Oltre il Colle, Branzi und Valtorta. Überregional bekannt ist die gut 40 Meter hohe und martialisch 'Damokles' benannte Eissäule bei Valleve im oberen Valle Brembana. Weitere schöne Ausflugsziele in der Nähe von Bergamo sind die Stadt Treviglio mit der Basilika San Martino aus dem Jahr 1008, Romano di Lombardia mit seiner imposanten Festungsanlage Rocca aus dem 12. Jahrhundert, die Gemeinde Albino mit der Seilbahn bis nach Selvino, der gleichnamige Herkunftsort des weltberühmten Malers (Michelangelo Merisi da) Caravaggio sowie das Städtchen Stezzano mit seinen vielen prächtigen Villen aus dem 17. bis 19. Jahrhundert. In Osio Sotto können diverse Kirchen besichtigt werden, Nembro ist wegen seiner romanischen Brücke aus dem späten 16. Jahrhundert bekannt und Ponte San Pietro am Fluss Brembo ist häufig das Ziel von Wildwasserkanuten. Ebenfalls lohnende Ziele sind der romanische Park von Almenno mit der **Brücke von Clanezzo** und dem **Tempel von San Tomè**. Castelli Calepio lockt mit seinem mittelalterlichen Mönchskloster und der Burg. **Treviolo**, **Cologno al Serio** und **Martinengo** sind ruhige und beschauliche Kleinstädte, in denen man aber in den gemütlichen Trattorias und Ristorantes die typischen regionalen Spezialitäten genießen kann: die Cotechinowurst, den rohen Schinken aus Valle Seriana, das

Olivenöl 'Olio extravergine Sebino DOP', Kekse von San Pellegrino, den Bergkäse 'Formai de mut' und zum Dessert das in Bergamo erfundene Stracciatella-Eis. Typische Speisen mit viel Tradition aus Bergamo sind weiterhin die Fleischpastete Casoncelli, die Teigtaschen Scarpinocc de Par, Barschfilets mit dem Käse Formai de Mut sowie Hase nach Art des Val Seriana mit Thymian, Salbei, Basilikum, Majoran, Lorbeer und Wacholderbeeren.

In Bergamo gibt es zwei Tourist-Büros, eines in der Oberstadt und eines in der Unterstadt. I.A.T. Bergamo - Città Alta (Oberstadt) Via Gombito, 13. 24129 Bergamo. T +49 (0)35 242226. turismo@comune.bergamo.it. Öffnungszeiten: täglich 9-12.30 und 14-17.30 Uhr (Neujahr und Weihnachten geschlossen). Bergamo - Città Bassa (Unterstadt) Ufficio Informazioni ed Accoglienza Turistica Viale Papa Giovanni XXIII, 57. 24129 Bergamo. T +39 (0)35 210204. turismo1@comune.bg.it. Öffnungszeiten: täglich 9-12.30 und 14-17.30 Uhr (Neujahr und Weihnachten geschlossen). Sehr informativ und schön gestaltet zeigt sich die Internetseite der Stadt Bergamo für Touristen unter www.turismo.bergamo.it. Mit der **Bergamo-Card** geht es an 1, 2 oder mehreren Tagen quasi kostenfrei durch die Stadt: Fahrten mit den öffentlichen Verkehrsmitteln sind frei und die Museen kostenlos zu besuchen.

Die Provinz Brescia

Auch auf der Brescia-Seite wird Natur großgeschrieben: Allein zwei Naturparks sind dort zu finden, in Iseo und in Zone. Am südlichen Ende des Lago d'Iseo schließt sich das **Riserva Regionale Torbiere del Sebino d'Iseo** in unmittelbarer Nähe zu Iseo an. Das Wasser-Feuchtgebiet dient im Frühjahr zahlreichen seltenen Wasservögeln als Brut- und Aufzuchtgebiet, die Ornithologen warten in sichtgeschützten 'Bunkern' auf die scheuen Gäste. Auch geologisch interessant ist der Naturpark in der Nähe des Bergortes Zone oberhalb von Marone. Der 21 ha große **Riserva Regionale Piramidi di Zone** ist über einen Rundweg zu besichtigen.

Brescia - Stadt und Provinz

Tiefe Seen und alpine Gebirgsregionen, flache Ebenen und sanfte Hügel - die vielfältigen Landschaftsformen sowie kunst- und kulturhistorisch wertvolle Stätten machen die Provinz Brescia mit ihrer gleichnamigen Hauptstadt zu einem Urlaubsgebiet par excellence. Die gute lombardi-

Brescia

sche Küche und hervorragende regionale Weine runden das Profil der größten Provinz der italienischen Lombardei ab. Die Sehenswürdigkeiten und der Charme der **Kunststadt Brescia** möchten zu Fuß erlebt werden. Die **Piazza della Loggia**, der historische Mittelpunkt der Altstadt, lässt den starken Einfluss Venedigs erkennen, unter deren Herrschaft Brescia von 1426 bis 1797 stand. Der **Palazzo della Loggia** mit einer Fassade aus hellem Botticino-Marmor, den Skulpturen und dem Laubengang spielte seit jeher eine zentrale Rolle für die Geschicke der Stadt. Der Uhrturm mit den zwei eisernen Männern, die die Stunden auf der Glocke anschlagen, überragt die Ostseite des rechteckigen Platzes. An der Südseite steht das Leihhaus **Monte di Pietà** mit einer Loggia im venezianischen Stil; durch zahlreich angebrachte römische Inschriften das erste nachweisbare Lapidarium Italiens. Die **Piazza Paolo VI** bildet das religiöse Zentrum von Brescia. Auch der spätgotische **Neue Dom** wurde aus Botticino-Marmor errichtet. Seine 82 m hohe Kuppel überspannt einen schlichten Innenraum von erhabener Schönheit, der Meisterwerke beherbergt. Dreiundzwanzig Stufen abwärts führen in den aus Stein errichteten, sehr sehenswerten **Alten Dom** im Stil der europäischen Romanik. Im Inneren des runden Zentralbaus, der so genannten Rotonda, stützen Rundbögen die halbkreisförmige Kuppel. Die Gemälde im Chor, vor allem die '**Himmelfahrt Mariä**' schuf Alessandro Moretto, der um 1490 in Brescia geboren wurde. Vorbei an einem der besterhaltenen lombardischen Kommunalpaläste, dem romanisch-gotischen **Palazzo del Broletto** führt der Weg zum Bischofspalast und zur Biblioteca Queriniana, wo wertvolle Drucke, handgeschriebene Bände und Manuskripte für die Öffentlichkeit zugänglich sind.

Von der kleinen **Piazza Tito Speri** beginnt der Aufstieg zum Castello. Von der mächtigen Festungsanlage und der ausgedehnten Parkanlage genießen Sie einen einmaligen Rundblick über Brescia. Zurück in der Stadt stehen zwei Besichtigungspunkte auf dem Programm, die auf der Liste des **UNESCO-Weltkulturerbes** stehen: zum einen die ehemalige Klosteranlage San Salvadore mit den Kirchen San Salvadore, Santa Maria und Santa Giulia; zum anderen das Forum Romanum mit dem teilweise rekonstruierten Tempio Capitolino. In dem 72 n. Chr. errichteten Herkulestempel und dem modernen Anbau ist heute das Museo Romano mit bedeutenden archäologischen Funden untergebracht. Von den vielen Museen ist die **Pinacoteca Tosio Martinengo** unbedingt sehenswert. Im Mittelpunkt steht dort die Brescianer Malschule des 15. - 16. Jahrhunderts. Ein Ausflug auf den 875 Meter hohen Monte Maddalena wird an Tagen mit guter Fernsicht mit einem grandiosen Rundblick auf die Voralpen, die Poebene und den Gardasee belohnt.

Die südlich von Brescia liegende Pianura Bresciana wird vom Oglio durchflossen und durch die Hügel der Franciacorta und die Moränenhügel des Gardasees begrenzt. Die Straße der Burgen und Schlösser führt durch die fruchtbare, meist landwirtschaftlich genutzte Ebene von Brescia, die einen Teil der Poebene bildet. Malerisch auf den letzten Ausläufern der Gardaseemoränen liegt das Städtchen **Montichiari**, das von den mächtigen Mauern des **Castello Bonoris** überragt wird. Die Pfarrkirche Santa Maria Assunta beeindruckt durch ihre weithin sichtbare Kuppel und die prächtige Fassade. In **Montirone** empfiehlt sich die Besichtigung des **Palazzo Lechi**, der im 18. Jahrhundert im lombardisch-venezianischen Barock errichtet wurde. Die Pferdeställe sind der interessante Teil der Anlage: Vierundzwanzig Säulen mit olympischen Gottheiten trennen die Stellplätze. Auch Verolanuova zählt zu den wichtigen Zielen in der Ebene von Brescia. Der **Palazzo Gambara** mit seiner beeindruckenden Marmorbalustrade beherbergt das Rathaus, und die Innenräume sind zum Teil zugänglich. In der Gemeinde Borgo San Giacomo im Ortsteil Padernello liegt das imposante Castello Martinengo, das 1485 als Festungsanlage errichtet wurde.

Die drei Täler von Brescia

Nördlich vom Iseosee führt eine Straße ins Valcamonica, eines der drei Haupttäler der Provinz Brescia. Zu den gemütlichen Städtchen im Calmonica-Tal zählen das Thermalbad Boario Terme sowie Cividate Camuno und Breno. In Capo di Ponte erzählt das vorrömische Bergvolk der Camuner in Tausenden von Felsbildern, die heute zum **UNESCO-Weltkulturerbe** gehören, von seinem Glauben, seinen Riten und seinem Alltag. Ponte di Legno, das bedeutendste Wintersportzentrum der Valcamonica, liegt im Nationalpark Stilfser Joch. Der Nationalpark erstreckt sich über vier italienische Provinzen und ist eines der größten Naturschutzgebiete der Alpen. Bewaldete Berghänge, Almen und hochalpine Gletscherregionen beheimaten die typische Tier- und Pflanzenwelt. Neben dem **Valcamonica** gehören auch das **Val Sabbia** und das **Val Trompia** zu den **Tre Valli**. Im Sabbia-Tal liegt der 10 km lange Lago d'Idro, der mit 318 m Seehöhe höchstgelegene See der Lombardei. Ein lohnendes Ziel am Westufer dieses Sees ist Anfo mit der venezianischen **Burgruine Rocca d'Anfo**. Auch der am Ostufer gelegene Ort Idro besticht durch die typisch italienische Atmosphäre, die rund um den See zu finden ist. Vom Bergdorf Bagolino in fast 800 Metern Höhe genießen Sie einen schönen Blick auf den Idro-See. Idyllisch wirkt das von der Mella durchflossene Trompiatal, das von Bergen mit einer Höhe von etwa 1000 Metern umgeben ist. Die traditionelle Schusswaffenindustrie machte die Stadt **Gardone Val Trompia** bekannt; ein Museum mit Waffensammlung informiert über das Gestern und Heute.

Der Gardasee

Der Gardasee ist zweifellos der bekannteste der oberitalienischen Seen. Das Urlaubseldorado wird unter anderem von unterirdischen Quellen gespeist, zum Beispiel von der Quelle Bojo: Sie tritt etwa 40 km östlich von Brescia bei der Halbinsel Sirmione hervor, die sich 4 km in den südlichen Gardasee hineinstreckt. Hier sprudelt reines Quellwasser vulkanischen Ursprungs aus einem Felsen am Grunde des Sees - in einer Tiefe von 19 m und mit einer Temperatur von 69,9° C. Der Besucher kann es in der großen modernen Thermallandschaft direkt am See genießen. Die Hauptsehenswürdigkeit Sirmiones, das unversehrte **Scaliger-Schloss aus dem 13. Jahrhundert**, überragt die Altstadtgassen. Das Festungsbauwerk mit seinen mit Zinnen gekrönten Mauern und Türmen, den Innenhöfen und Zugbrücken gilt als Musterbeispiel des Burgenbaus der Scaliger. Eine altertümliche Gasse führt zur **Pfarrkirche Santa Maria Maggiore** aus dem 14. Jahrhundert; interessant sind die Madonnenstatue, die Kanzel, die Orgel und die Gelübde-Fresken. Etwas weiter nördlich verbirgt sich auf den Klippen der Halbinsel die **Grotte di Catullo**. Von den ausgedehnten Ruinen einer römischen Villa genießen die Besucher einen weiten Blick auf den See, die Brescianer Riviera und die Bucht von Garda vor der Kulisse des **Monte Baldo**. Die älteste Kirche San Pietro in Marvino zeigt wertvollen Freskenschmuck, unter anderem pausbackige, Posaune spielende Engel. In der sanften Hügellandschaft südlich des Gardasees wachsen süffige Weine auf fruchtbarem Moränenboden. Idyllische Dörfer lassen den Trubel des Lago vergessen und zur Ruhe finden. Die Brescianer Riviera liegt im Südwesten des Gardasees: hier ließen die wohlhabenden Bürger aus Mailand und Brescia ihre Villen bauen. Die Ferienorte **Desenzano**, **Salò**, **Gardone Riviera** und **Toscolana-Maderno** liegen inmitten der mediterranen Natur und ziehen mit architektonischen Kleinoden, prunkvollen Villen und üppigen zypressenbestandenen

Parks Scharen von Touristen an. Ab Gargnano beginnt der charakteristische, atemberaubende Teil der westlichen Uferstraße. Senkrecht zum See abstürzende Felsen werden von der Gardasana occidentale durchschnitten. Nach 18 km Fahrt über Brücken, durch Tunnel und Galerien mit einem steten Wechsel zwischen Hell und Dunkel ist **Limone sul Garda** der letzte Ferienort am Ufer des Gardasees, der zur Provinz Brescia gehört. Das malerische Städtchen liegt zwischen Olivenhainen und Zitronenkulturen und erfreut sich im Schutz hoher Felswände liegend eines besonders milden Klimas. Ein lohnenswerter Ausflug führt durch eine reizvolle Olivenlandschaft auf die **Hochebene von Tremosine** und weiter nach Tignale. Die Wallfahrtskirche **Madonna di Monte Castello** erhebt sich auf steilem Felsen in 700 m Höhe über den Gardasee.

Der Parco Alto Garda Bresciano lockt mit vielen Naturschönheiten und empfiehlt sich für Wanderungen aller Schwierigkeitsgrade. Eine Herausforderung an die gut trainierte Beinmuskulatur ist der steile historische Pfad, auf dem man in das Bergdorf Via Porto gelangt. Die Mühen des Aufstiegs über in Fels gehauene Stufen, enge Schluchten und tosende Wasserfälle werden durch grandiose Ausblicke nach Osten und Süden belohnt - auf den See, den Monte Baldo, die kleinen Städtchen und die mit Steineichen, Zypressen und Lorbeer bewachsenen Hänge.

Die Stadt Brescia lässt sich nicht lumpen und bietet mit der Infoseite unter www.bresciatourism.it viele gut aufbereitete Informationen in fünf (!) Sprachen an. Auch dem Iseosee, der Franciacorta und dem Val Camonica wird Raum eingeräumt, die Vorschläge für weitere Entdeckungstouren in der Region sind interessant. Das Tourist-Office ist im Palazzo Martinengo an der Piazza del Foro 6 untergebracht. T +39 (0)30 3749916. iat.brescia@provincia.brescia.it. Öffnungszeiten: Mo-So 10-18 Uhr. Die Homepage der Provinz Bergamo ist unter www.provincia.brescia.it zu finden.

Die Berge und Täler am Iseosee

Der Iseosee ist fast vollständig von Bergen umgeben, nur der südlichste Teil ist weitgehend bergfrei. Das Riesengebiet der **Bergamasker Alpen** (Alpi orobie) zieht sich vom Comer See herüber und endet hier an der Westseite des Lago d'Iseo bzw. am Val Camonica. Für Wanderer und Mountainbiker gleichermaßen interessant sind die schönen Gebirgstäler mit ihren steilen, aber aussichtsreichen

Bergen im Umkreis von ca. 20 km. Die wichtigsten Täler sind **Val Cavallina** (Valle del Freddo), **Valle di Fonteno**, **Val Calepio**, **Val Seriana**, **Valle del Monte** und **Val Borlezza**. Für gelegentliche Touren genügen die ca. 1 000 m hohen Berge entlang der Westseite des Lago d'Iseo; wer höher hinaus möchte, muss bis hinter Clusone fahren oder ins weit abgelegene **Val Brembana** ausweichen. Spätestens im **Parco Naturale delle Orobie Bergamasche** warten die 3 000'er mit beeindruckenden Namen wie **Pizzo del Diavolo**, **Monte Cadelle** oder **Monte Cabianca**.

Die Bergwelt - beginnend am Ostufer des Sees - trägt den wunderbaren Namen '**Adamello-Presanella**' und endet im Val Trompia (ab hier gehört dann alles zum Gebiet des Gardasees). Auch hier verlaufen einige zu Fuß begehbare Seitentäler, die bis auf Höhen von gut 1 000 m führen. Von Norden nach Süden: **Valle del Trobiolo** (Pisogne), **Valle Vandul** (Zone), **Val di Gasso** (Zone) und **Valle dell'Opol** (Marone).

Das Val Camonica

Im lombardischen Norden Italiens befindet sich die Region Valcamonica. Genauer betrachtet handelt es sich dabei um ein etwas versteckt liegendes, ca. 70 Kilometer langes Tal in der Provinz Brescia. Doch so abgelegen das Valcamonica auch sein mag, hier finden Besucher atemberaubende Zeugnisse menschlicher Kultur. Die Bevölkerung des Tales erschuf über einen Zeitraum von mehreren Jahrtausenden hinweg **Galerien von Felsbildern**, deren Entstehungszeitraum von prähistorischer Zeit an bis hin zur Zeit der römischen Besatzung reicht. Damit stellen die Felsbilder des Valcamonica eine Art Geschichtsbuch bis zu den kulturellen Ursprüngen des modernen Menschen dar. 1979 nahm die UNESCO 140 000 Figuren in den Kanon des Weltkulturerbes auf. Mittlerweile wurden jedoch mehr als 300 000 Felsbilder identifiziert. Auf einer Strecke von etwa 25 Kilometern Länge und in einer Höhe zwischen 20 und 1400 Metern über dem Meeresspiegel erstrecken sich **Petroglyphen** - so der wissenschaftliche Fachbegriff für geritzte Felsbilder - aus insgesamt über 10 000 Jahren Menschheitsgeschichte. Das Besondere an den **Felsbildern des Valcamonica** ist, dass diese zum Teil bis zu vier Zentimeter tief in den Fels geritzt und vermutlich auch farblich gestaltet wurden. Von der Farbe ist heute leider nichts mehr zu sehen, doch die Ritzungen bieten immer noch einen faszinierenden Anblick. **Die ältesten Bilder sind etwa 12 000 Jahre alt** und zeigen typische Szenen einer Jäger- und Sammlerkultur. Jagdpraktiken und -rituale sowie verschiedene Tiere sind die häufigsten Motive jener Zeit. Im Neolithikum, etwa zwischen 6000 und 3300 v. Chr., erscheinen schließlich die ersten Darstellungen von Menschen und Göttern. Als erste Haustiere werden Hunde dargestellt, Nutztiere wie Rinder und Schweine folgen erst sehr viel später. Anhand der Bilder lässt sich erkennen, dass die damaligen Bewohner des Tals anscheinend Anhänger eines Sonnenkultes waren. Typisch für die Bronzezeit, etwa zwischen 2500 und 1200 v. Chr., ist das verstärkte Aufkommen von mythologischen Szenen. Neu sind auch Darstellungen von Metallverarbeitung, Weberei sowie von Pferden als Reittieren. Aus der Eisenzeit zwischen dem 7. und 5. Jahrhundert v. Chr. finden sich auch Gravuren etruskischen und keltischen Ursprungs. Die letzten eigentlichen Felsbilder stammen aus der Zeit, als Valcamonica der römischen Provinz Gallia cisalpina einverleibt wurde. Zwar gibt es auch einige römische Inschriften sowie Gravuren aus dem Mittelalter, doch diese erreichen nicht mehr das Niveau der prähistorischen Kunst.

Die Motive variieren. Jedes Zeitalter weist bevorzugte Figuren und Darstellungen auf, auch lassen sich Einflüsse anderer Kulturen - und damit auch ein Kulturaustausch - nachweisen. Die meisten Felsbilder befinden sich in der Nähe der Orte **Darfo Boario Terme**, **Nadro, Cimbergo**, **Capo di Ponte** sowie **Paspardo**. Das berühmteste Felsbild ist sicherlich die **Camunische Rose,** ein vierblättriges Gebilde, das vermutlich ein Symbol der Sonne darstellt: Schon aus anderen Felsritzungen haben Wissenschaftler geschlussfolgert, dass die Camunni - die Bewohner der Valcamonica, die dem Tal auch ihren Namen gegeben haben - wahrscheinlich einen Sonnenkult pflegten. Heute ist die Camunische Rose auch auf der lombardischen Flagge zu finden - in Weiß und vereinfacht mit ihren vier Blütenblättern auf grünem Hintergrund. Besucher finden das bekannte Felsbild in der Ortschaft Le Crus innerhalb der Gemeinde Capodiponte. In der Nähe von Bedolina befindet sich eine ebenfalls bemerkenswerte Felsritzung; Die '**Mappa de Bedolina**', eine Landkarte, die vermutlich einen Teil der (damaligen) Umgebung zeigte.

Berühmt ist auch eine Felsritzung mit dem Namen '**Der Reisende**', welche eine kantige menschliche Figur mit einem Stock in der Hand zeigt. Das Bild befindet sich im Felsbildpark '**Parco comunale archeologico e minerario di Sellero**' in der Gemeinde Sellero. Die drei aufgeführten

Felsritzungen sind ein ganz kleiner Vorgeschmack auf die Fülle an Bildern, die den Betrachter im Valcamonica erwartet. Die Felsbilder sind in den insgesamt acht Felsbildparks zu bewundern, welche die Besucher auf hölzernen Wegen und Stegen durchlaufen. Auf diese Weise werden die Felsbilder nicht beschädigt und die Besucher haben einen optimalen Blick auf die prähistorischen Kunstwerke. Der '**Parco Nazionale delle Incisioni Rupestri di Naquane**' in der Gemeinde Capo di Ponte zeigt auf einer Fläche von etwa 60 Hektar 130 gravierte Felsen inmitten eines lichten Laubwaldes. Darunter befinden sich unter anderem die Gravur des so genannten '**Laufenden Priesters'**, Jagdszenen, Pferd und Reiter sowie sich duellierende Krieger. Auch die 'Camunische Rose' ist hier vertreten. Die wohl berühmteste Felszeichnung taucht in der Valcamonica mehrfach und in verschiedenen Variationen auf.

Besonders eindrucksvoll zeigt sich der '**Fels Nr. 1**', in den Hunderte von Gravuren - besonders Hirsche - eingeritzt sind. Im zentralen Teil des Parks befindet sich zudem eine Ausstellung sogenannter Menhire. Ebenfalls in Capo di Ponte liegt der '**Parco Archeologico Nazionale dei Massi di Cemmo**'. Dieser hat in den Sommermonaten (März bis Ende der Sommerzeit) von Montag bis Samstag von 14 bis 19 Uhr geöffnet, Sonntag ist Ruhetag. In den Wintermonaten kann man den Parco von 08:30 bis 13:30 Uhr besuchen. Die so genannten 'Cemmo Felsen' stellen vermutlich ein prähistorisches Heiligtum dar. Aller guten Dinge sind drei: Seit 2005 befindet sich auch der Gemeindepark '**Parco Archeologico Comunale di Seradina-Bedolina**' in Capo di Ponte. Verschiedene Wegstrecken führen durch einen typisch alpinen Wald zu den schönsten Felsritzungen, vor allem aus der Eisenzeit. Der Park ist auch wegen seines etwas eigenwilligen Klimas aus botanischer Sicht interessant. Hier wachsen Pflanzen, die sonst in Norditalien eher nicht vorkommen. In Ossimo befindet sich der '**Parco Archeologico di Asinino-Anvòia**' mit Felsbildern aus der Kupferzeit. Auch einige Stelen sind zu besichtigen. In der größten Gemeinde des Valcamonica, in Darfo Boario Terme, liegt der '**Parco Comunale delle Incisioni Rupestri di Luine**'. Er öffnet ganzjährig zwischen 9:00 und 12:00 sowie 14:00 und 17:00 Uhr. Montags ist Ruhetag. Der Stadtpark beherbergt über 100 000 Felsbilder. Weitere Felsbildparks sind der '**Parco Comunale Archeologico e Minerario di Sellero**' in Sellero (ebenfalls ganzjährig geöffnet), der 'P**arco Archeologico Comunale di Sonico**' in Sonico sowie der '**Riserva naturale Incisioni Rupestri di Ceto, Cimbergo e Paspardo**'. Letzterer erstreckt sich, wie der Name schon sagt, über die drei Kommunen Ceto, Cimbergo und Paspardo. Der Park hat ganzjährig ab 9:00 Uhr geöffnet. Er schließt im Sommer um 17:30 Uhr seine Pforten, im Winter um 16:00 Uhr.

Nur in Italienisch und Englisch ist die offizielle Webseite unter www.invallecamonica.it gehalten. Es gibt Informationen zu den Naturparks, den Wandmalereien, Wellness-Angeboten u.v.m. Vor Ort kann man sich im Touristikbüro in Darfo Boario Terme an der Piazza Einaudi 2 (am Busbahnhof) informieren.

Das Valle Trompia

Das Valle Trompia ist eines der bedeutenden brescianischen Gebirgstäler innerhalb der **Tre Valli** (Valle Trompia, Valle Camonica, Valle Sabbia). Es verläuft fast parallel zum Iseosee und ist lediglich über Brescia sowie von Iseo aus über den Bergort Polaveno zu erreichen. Das Tal mit dem Hauptort Gardone Val Trompia wird von dem Fluss Mella durchflossen und ist ca. 50 km lang. Im Norden stößt es an den Lago d'Idro, im Süden läuft es Richtung Brescia aus. Weitere Orte im Val sind Bovegno, Concesio, Collebeato, Lodrino, Marcheno, Marmentino, Sarezzo, Tavernole sul Mella und Villa Carcina. **Jahrhunderte lang wurde hier Erz abgebaut**, wovon noch immer zahlreiche Gruben und Stollen zeugen. Groß war auch die Zahl der metallverarbeitenden Betriebe, was sich bis heute im handwerklichen Geschick der Bewohner niederschlägt (z.B. Waffenfabrik Beretta, Gardone Val Trompia; s. S. 71), auch wenn die letzte Mine bereits vor 30 Jahren geschlossen wurde. Heute profitiert das Tal von der Nähe zu Brescia, den Relikten des Bergbaus in Form von Besucherminen und der grandiosen Natur. Das Tal ist ein beliebtes Ziel von Bergsportlern und Mountainbikern. Gern wird eine Tour vom Lago di Garda über den Idrosee durchs Val Trompia gefahren.

Informationen zu den Minen gibt es unter www.miniereinvaltrompia.it: Dort erfährt man alles über Öffnungszeiten, Eintrittspreise und Anfahrtsmöglichkeiten. Wer sich über das Tal als solches informieren möchte, geht auf www.cm.valletrompia.it. Tipps zu Bergtouren kann man sich vor Ort holen: Comunità Montana di Valle Trompia Via Giacomo Matteotti n. 327. 25063 Gardone Val Trompia (Bs). T +39 (0)30 833741.

Das gibt‘s nur am Iseosee

Oder gewichtige Argumente für eine Reise an den Lago d‘Iseo: Waffen, Wein, Salami und der **Traum vom Motorboot aus Mahagoni**.

Weinbauregion Franciacorta

Mitten in der Lombardei und im Zentrum der dortigen Provinz Brescia liegt das Weinbaugebiet Franciacorta, in den letzten drei bis vier Jahrzehnten eines der erfolgreichsten des Landes. Schon seit über 2000 Jahren werden hier erfolgreich Reben in guter mineralischer Lage und günstigem Klima angebaut, was bereits damals von so bekannten römischen Gelehrten wie Plinius dem Älteren, Columella und Vergil löblich anerkannt wurde. Bis zum erst nationalen und dann internationalen Durchbruch der edlen Tropfen aus diesem Teil der Lombardei sollte es aber noch bis in die 1960er Jahren dauern, erst die kreativen Experimente mit Flaschengärung und Schaumweinen brachten letztlich die Begeisterung und Zufriedenheit der überregionalen Kundschaft. 1967 erhielt die Region die ersehnte Anerkennung durch die begehrte staatliche Auszeichnung 'Denominazione di Origine Controllata e Garantita' (DOCG). Weine dieser höchsten Kategorie besitzen weltweit unter Kennern Popularität. Heutzutage gehören ca. 2000 Hektar zumeist mit Chardonnay, Pinot Blanc und Pinot Noir-Trauben bepflanzte Fläche zu dem Gebiet der zugehörigen und berechtigten 27 Gemeinden und Orte: Adro, Capriolo, Castegnato, Nigoline, Clusane, Timoline, Borgonato, Camignone, Cazzago San Martino, Cellatica, Coccaglio, Cologne, Corte Franca, Erbusco,

STRADA DEL VINO
Franciacorta

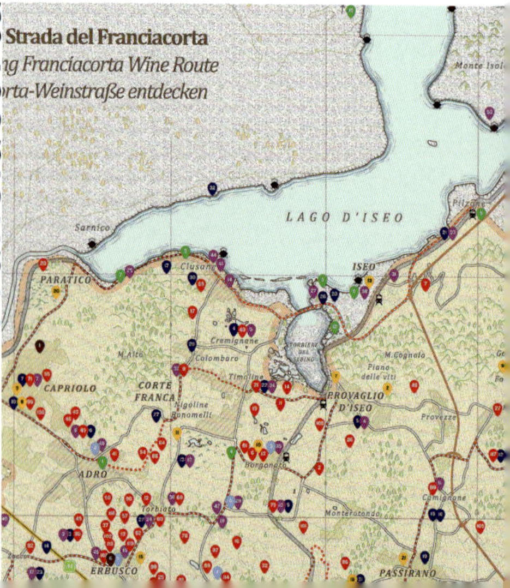

Gussago, Iseo, Monticelli Brusati, Ome, Ospitaletto, Paderno Franciacorta, Palazzolo sull'Oglio, Paratico, Passirano, Provaglio d' Iseo, Rodengo-Saiano und Rovato.

Die meisten der Weinorte und auch einige der bekannten Weingüter (Fabio Cattabiani, Ferghettina, Ricci Curbastro, Monte Rossa, Mosnel, Lantieri, Majolini, Ca' del Bosco, Cavalleri, Berlucchi, Contadi Castaldi, Bellavista und Cavalleri) kann man während eines Ausflugs auf der neu geschaffenen touristischen Straße '**Strada del Vino Franciacorta**' besichtigen, die, östlich von Brescia beginnend, von Mandolossa über 80 km bis nach Paratico führt. Selbstverständlich dürfen die Weine in den zahlreichen Restaurants und Weinkellereien auch verkostet und im Hofverkauf käuflich erworben werden. Es lohnt sich - verbergen sie doch nach önologischer Expertenmeinung die Aromen von Zitrusfrüchten, Weißdorn, Honig, Äpfeln, Pfirsich, Lorbeer und mediterranen Kräutern in sich. Eine besondere Schaumwein-Spezialität der Franciacorta ist der sog. 'Satèn', der ganz besonders fein perlt und mit seinem typischen Duft nach hellen Früchten, tropischen Blumen, Honig und Nougat fast schon cremig wirkt. Außer auf ihre glücklichen Hände bei der Weinherstellung sind die Bewohner der Region natürlich auch auf ihre Jahrtausende alte Kulturgeschichte sehr stolz: Hier siedelten und herrschten schon Etrusker, Kelten, Römer, Lombarden, Karolinger und Venezier, und alle ließen zahlreiche architektonische und künstlerische Spuren zurück. Sehenswert sind zum Beispiel das mittelalterliche Kastell von Capriolo, das Dominikanerkloster '**La Santissima**' in Gussago, das Castello Oldofredi im Seeuferstädtchen Iseo, die Abtei des Heiligen Nikolaus aus dem 15. Jahrhundert in Rodengo-Saiano, die Kirche San Giacomo Maggiore in Ospitaletto und die Burgruine Lantieri bei Paratico, die als verfremdete Inspiration in Dantes Göttlicher Komödie auftauchen soll.

Gemäß ihres aus dem kriegerischen Mittelalter stammenden Namens ist die Franciacorta (in etwa '**Fränkische Festung**') geradezu mit Burgen, Schlössern und Wehrtürmen übersät. Heute dienen diese aber nicht mehr der militärischen Verteidigung der fruchtbaren und strategisch günstig gelegenen Region, sondern werden meist als Museen, Hotels und große Parkanlagen genutzt. Zu den empfehlenswerten Bauten gehören etwa die Burg von Bornato samt der Villa Orlando in Cazzago San Martino, die auf römischen Fundamenten errichtete Burg von Coccaglio, die lediglich von außen zu besichtigende Burg des Carmagnola in Iseo, die Burg in Paderno Franciacorta aus dem 10. Jahrhundert, die Burg von Passirano mit ihrem streng geometrischen Grundriss, die Ruinen der einstigen römischen Burg von Rovato samt ihrer venezianischen Mauern und der Palazzo Porcellaga sowie die Burg Quistini mit ihrem wunderschönen Rosengarten ebenfalls in Rovato. Auch von Kennern für ihre Baukunst bewunderte Abteien und Klöster finden sich in der Franciacorta, neben der bereits weiter oben erwähnten Anlage in Gussago sind dies das Kloster San Pietro in Lamosa mit dem nahen Naturschutzgebiet der Sebino-Torfgruben, das 1503 fertiggestellte Kloster der Annunciata am Osthang des Monte Orfano in Rovato und die Olivetaner-Abtei San Nicola in Rodengo Saiano aus dem 10. Jahrhundert mit ihrem Eisenmuseum.

Weitere sehenswerte Sakralbauten sind etwa die Kirche Santa Maria, die Wallfahrtskirche Madonna della Neve mit dem integrierten Seidenraupenmuseum oder die reich mit Fresken geschmückte Kirche Santa Maria Assunta in Ardro, die Pfarrkirche San Giorgio und die Kapelle Sant'Onofrio in Capriolo, die beiden kleinen Kirchen Santa Giulia und Santo Stefano in Cazzago San Martino, die Wallfahrtskirche Madonna della Stella in Cellatica, die Kirche S. Giovanni Battista in Coccaglio, die romanische Pfarrkirche Santa Maria Maggiore in Erbusco und die Wallfahrtskirche Madonna della Rosa in Monticelli Brusati. Neben den häufig in kirchlichen Gebäuden untergebrachten Regionalmuseen sind auch diejenigen interessant, die sich der landwirtschaftlichen und ökonomischen Tradition der Region widmen, so etwa das Landwirtschafts- und Weinmuseum 'Ricci Curbastro' in Capriolo, das Museum der Industrie und Arbeit in Rodengo Saiano und die mittelalterliche Schauschmiede 'Maglio Averoldi' im etwas höher gelegenen und sehr idyllischen 3000-Einwohner-Ort Ome. Als heute wie damals beliebte Sommerresidenz vieler adeliger Familien gibt es in der Franciacorta auch zahlreiche prächtige Paläste und Villen, von innen zu besichtigen sind jedoch nur wenige.

Die informativste Seite bietet das '**Consortio della tutella del Franciacorta**', eine Art Genossenschaft für die Franciacorta, (Via G. Verdi 5 in Erbusco) unter www.franciacorta.it. Die Seite ist durchaus auch werblich, bietet aber so viele Informationen zu Geschichte, Kultur, Wein und anderen Themen rund um die Franciacorta, dass dies hinnehmbar ist. Zusätzlich wird der Weinkeller des Monats präsentiert und auf Veranstaltungen wie Weinproben, Tage der offenen Weinkeller o.ä. hingewiesen.

Riva

Als Carlo Riva mit 27 Jahren die väterliche Bootswerft in Sarnico am Lago d'Iseo übernahm, hatte er Visionen. Er wollte ein Speedboot nach amerikanischem Vorbild bauen, das sich perfekt für die Seen in Oberitalien eignen sollte. Eine Kombination aus rasanter Schnelligkeit und luxuriöser Ausstattung schwebte ihm vor. Dass ein solches Boot im Jahr 1949 aus Holz gebaut werden musste, war von vornherein klar. Schon nach wenigen Jahren waren in der Firma etwa 250 Mitarbeiter beschäftigt, die den Riva Motorbooten einen ganz eigenen Stempel aufdrückten. Als '**Rolls-Royce der Meere**' wurden die Boote zu einem echten Statussymbol mit italienischer Herkunft. Markenzeichen der außergewöhnlichen Boote war ein aus fugenloser Beplankung mit hochwertigem Mahagoniholz hergestellter Bootskörper. Bis zu zwanzig Mal wurde das Edelholz lackiert. Der gezielte Einsatz verchromter Elemente in Verbindung mit einer Panoramaglasscheibe verliehen den Riva Motorbooten ihr elegantes Aussehen. Das mit fast neun Metern längste Boot der ersten Baureihe, das **Modell Aquarama**, wurde mit zwei 350 PS starken Motoren angetrieben und erreichte Spitzengeschwindigkeiten von bis zu 90 Stundenkilometern.

Zwischen 1951 und 1989 produzierte Carlo Riva etwa 4 200 Boote, in den 60er Jahren täglich bis zu 18. Schätzungen zufolge existiert bis heute noch etwa die Hälfte aller jemals in der Riva-Bootswerft gebauten Motorboote - sie erzielen zumeist Preise im hohen sechsstelligen Bereich. Als Ende der 60er Jahre die ersten Motorboote aus Fiberglas produziert wurden, tat sich Carlo Riva schwer, mit den technischen Entwicklungen Schritt zu halten. 1969 verkaufte er den Familienbetrieb an US-amerikanische Investoren. Am Lago d'Iseo aber bleibt die Tradition der Familie Riva erhalten. Der Neffe von Carlo, Anselmo Vigani, restauriert in seiner kleinen Werft jährlich etwa 50 Riva Motorboote. www.riva-yacht.com

Waffenunternehmen Beretta

Das italienische Waffenunternehmen Beretta ist in Gardone Val Trompia in der Provinz Brescia ansässig und blickt auf eine Geschichte von fast fünfhundert Jahren zurück. Urkunden verraten, dass schon 1526 der venezianische Büchsenmacher **Bartolomeo Beretta** den Auftrag erhielt, Gewehrläufe zu produzieren. Heute hat Beretta, das älteste Waffenunternehmen weltweit, seinen Firmensitz in unmittelbarer Nähe zum Iseosee und bietet vielen Menschen der Region einen krisensicheren Arbeitsplatz. Seit dem 16. Jahrhundert wird die Firma als Familienunternehmen geführt, heute heißt der Unternehmensleiter Ugo Gussalli Beretta. Im Jahr 2000 wurden die Tochtergesellschaften Sako und Tikka gegründet. Der gesamte Konzern beschäftigt rund 2 600 Mitarbeiter und stellt Waffen für Sportschützen und Jäger, sowie für die italienische Polizei und Armee her. Als typisches Modell gilt die **Beretta Serie 92** ('M9'), die nicht nur von der Polizei Italiens verwendet wird, sondern auch von Polizisten und Offizieren in den USA und in Frankreich (und häufig in amerikanischen Krimis zu sehen ist). Weitere Hauptabnehmer der Beretta Faustfeuerwaffen und Gewehre sind die Armeen von Argentinien, Jordanien, Malaysia und weiteren Ländern. Knapp ein Drittel der produzierten Waffen werden an staatliche Abnehmer verkauft, während die restlichen 70 % für private Kunden zur Verfügung gestellt werden. Das umfangreiche Sortiment beinhaltet **Pistolen**, **Sportgewehre** und **Jagdflinten** mit unterschiedlichem Kaliber sowie Messer.

Die Geschichte des Unternehmens Beretta zeigt deutlich die Schwankungen auf dem Waffenmarkt, die von Kriegs- und Friedenszeiten stark beeinflusst werden. In der ersten Hälfte des 16. Jahrhunderts stieg die Nachfrage innerhalb weniger Jahrzehnte so an, dass die Schusswaffen von Beretta bald über die Region von Gardone Val Trompia hinaus bekannt wurden. Um 1850 wurde die Produktion um Jagdwaffen erweitert, und im Ersten Weltkrieg schaffte Beretta den Durchbruch in Europa, indem die Firma **die erste Handfeuerwaffe mit Halbautomatik** anbot. Später wurden Maschinengewehre produziert, um im Zweiten Weltkrieg zu trauriger Berühmtheit zu gelangen. **1945 wurde die Beretta-Fabrik von den Alliierten zerstört**. Dem damaligen Unternehmensführer Pietro Beretta II. gelang es, sich schnell mit der neuen Situation zu arrangieren und seine Firma zum international agierenden Waffenhersteller zu machen: Zusätzlich zum Hauptsitz in Brescia wurden Niederlassungen in Frankreich, Griechenland und Spanien gegründet. 1978 entstand zudem ein Betrieb in den USA. Durch die glücklicherweise friedlichen Zeiten in Europa musste das Unternehmen zwar Umsatzeinbußen hinnehmen, doch die Reserven aus mehreren Jahrhunderten umfassen auch Liegenschaftsbesitz und sichern das Bestehen ab. Der Hauptfirmensitz liegt auf der sonnigen Talseite des Val Trompia und umfasst ein herrschaftliches Gebäude, in dem sich Büros und ein **Museum** befinden, sowie eine großflächige Grünanlage. Auf der gegenüberliegenden Schattenseite sind die Fabrikhallen zu sehen, in denen die Gewehre und Pistolen mit all ihren Einzelteilen hergestellt werden. Präzision und hochwertige Materialien sorgen seit Jahrhunderten dafür, dass die Beretta-Waffen einwandfrei funktionieren und weltweit so erfolgreich sind. Die alte Kunst der Büchsenmacher zeigt sich noch bei der Produktion von luxuriösen Einzelstücken für Jäger. Schaftgröße und Motiv werden hierbei individuell auf die Wünsche des Kunden abgestimmt und in tagelanger Feinarbeit fertiggestellt. Unter der Internetadresse www.beretta.com zeigt die Firma nicht nur Waffen, sondern auch ihre weiteren Produktlinien, die thematisch aber in enger Verwandtschaft zu den Urprodukten stehen. Das Unternehmen 'Fabbrica d'Armi P. Beretta S.p.A.' hat seinen Sitz in Gardone Val Trompia (Provinz Brescia) in der Via P. Beretta 18. 25063 Gardone Val Trompia.

SALUMIFICIO
Monte Isola

Salame di Monte Isola. Der Beruf des Metzgers, der 2022 in den Händen einiger, weniger lokaler Experten geblieben ist, konzentriert sich auf die Dörfer **Cure**, **Masse** und **Senzano**. Diese erfahrenen Handwerksleute bereiten eine der besten Salamiprodukte Italiens her. Die Salami wird dafür ausschließlich aus dem Fleisch von Schweinen gewonnen, die weitgehend mit Kastanien und Mais gefüttert wurden und unter Zugabe von zerdrücktem Knoblauch und einer Mischung aus geheimen Gewürzen ihr ganz spezielles Aroma entwickeln. **Die Besonderheit liegt neben der Auswahl der Zutaten in der Zubereitung**: streng wird **nur mit Hand gearbeitet**, um eine Fleischmasse zu erhalten, die aus großen Fleischstücken besteht. **Das Fleisch wird dazu ausschließlich mit einem Messer zerteilt**. Keine Maschinen kommen zum Einsatz, weder zum Zerkleinern, noch zum Vermengen! Anschließend ruht die Masse in ausgewählten Weinen der Region. Als letzter Schritt erfolgt die Füllung des Naturdarms; mit gezielten Einstichen werden unerwünschte Luftblasen vermieden. Nach etwa einer Woche in der Räucherkammer, wird die Salami für eine Nacht in einem speziellen Raum (der **Cà del Salam**) aufgehängt. Dieser Keller hat unverputzte Wände, gewölbte Decken und wird mit Dauerfeuer aus Olivenholz, Lorbeer und Wacholderbeeren gefüttert.

Der Rauch dieses Feuers verleiht der **Salame di Montisola** ihr einzigartiges Aroma. Die letzte Phase findet genau in diesen historischen Kellern statt, wo die Salami ihre sorgfältige Reifung mit ihrem klassischen Duft vollenden darf. Diese Phase dauert genau dreißig Tage, dann ist die Salami fertig zum Verzehr. Die zu konservierenden Würste werden anschließend mit aromatisiertem Schweinefett (dem Suet) bedeckt und in Terrakotta-Amphoren - Ole genannt - gelegt, wo sie ihre schöne Konsistenz behalten werden. Diese einzigartige Salami und weitere Produkte können in Peschiera Maraglio im ‚**Hofladen**' probiert und gekauft werden. **Salumificio Monte Isola di Moretti Franco und Turla Emiliano & CSAS** Via Senzano 30B, 25050 Monte Isola. Infos unter www.salumificiomonteisola.it.

Der beste Urlaubsort am Lago d'Iseo?

Immer wieder gehen an der Service-Mail Anfragen bzgl. des '**besten**', '**schönsten**' oder '**geeignetsten**' **Urlaubsortes** ein. Darauf eine Antwort zu geben, ist nicht einfach:

Wer z.B. **mittelalterlichen Charme** sucht, ist am besten in Lovere, Tavernola, Riva, Sarnico, Pisogne und Iseo aufgehoben, wobei Riva und Tavernola sehr ruhig, **Sarnico dagegen sehr lebhaft ist**. All diese Orte verfügen über eine hübsche Altstadt mit vielen Geschäften, schönen Restaurants und alten Kirchen. Wer den alten Verbindungsweg 'Antica Strada Valeriana' in zwei oder drei Tagen ablaufen möchte, sollte sich an den Orten am Ostufer von Iseo bis Pisogne umsehen; dort kann man immer wieder per Schiff oder Zug an den Ausgangspunkt zurückfahren. **Für Ruhesuchende** ist die autofreie Monte Isola die beste Wahl, außer am Wochenende ist man dort sozusagen unter sich. Mit Peschiera Maraglio sorgt ein etwas größerer Ort trotzdem für etwas Abwechslung. **Berg- und Naturfreun-**

de wird eine Unterkunft am nördlichen Iseosee empfohlen, die Anfahrtswege zu den Wanderzielen auch im Val Camonica sind dann wesentlich kürzer. Wer Kulinarisches liebt und ein Fan von sehr guten Schaumweinen ist, findet in der **Franciacorta** eine riesige Auswahl an stilvollen Unterkünften zahlreicher Weingüter. Gerne geben wir individuelle Empfehlungen. Schreiben Sie einfach eine eMail an den Verlag.

Wie ist die Wasserqualität am Iseosee?

Die Wasserqualität aller italienischen Seen war immer schon ein Kapitel für sich. Schon früh reagierten die Verwaltungen auf die starke Verschmutzung z.B. des Gardasees, des Lago di Como und des Lago Maggiore. Der Lago di Varese war beispielsweise schon so gut wie 'tot', als endlich mit dem Bau einer Ringkanalisation und ausreichend Kläranlagen begonnen wurde.

Am Lago d'Iseo herrscht aktuell an den meisten Orten Badequalität, auch wenn ehrlicherweise erwähnt sein muss, dass teilweise immer noch ungeklärtes Wasser in den See fließt. Zum Glück und auch in Folge der EU-Richtlinien werden regelmäßig Wasserproben genommen und im Internet veröffentlicht. Unter der Webadresse der European Environment Agency (www.eea.europa.eu; Suchbegriff: 'Bathing water quality') sind die aktuellsten Messergebnisse für Italien - Lombardei - Bergamo zu lesen. **2021 wurde an allen Stellen des See, wo eine Messung vorgenommen wurde, eine exzellente Wasserqualität festgestellt**. Der Grund dürfte klar sein: wegen CORONA waren deutlich weniger Touristen vor Ort, die Belastungen für die Kläranlagen waren entsprechend gering. Scannen Sie einfach den QR-Code und sie werden automatisch auf die Ergebnisseite weitergeleitet.

Anreise mit dem Auto

Für den Autofahrer liegt der See etwas ungünstig, die zwei Haupt-Nord-Süd-Verbindungen laufen westlich und östlich in gehörigem Abstand am See vorbei, ein Umweg ist die Folge. Urlauber aus dem östlichen Deutschland überqueren die Alpen mit Hilfe der Brennerautobahn (A22 - Innsbruck-Bozen). Am südlichen Ende des Gardasees geht es dann über die A4 (Turin-Venedig) in Richtung Mailand (über die Ausfahrt Brescia-Ovest oder Ospitaletto) in ca. 1 h an den Iseosee. Aus dem Westen reist man über die Gotthardt-Autobahn (A2, Basel-Chiasso) oder den San Bernardino (A13, St. Margareten-Sargans) an und schließlich auf der A9 nach Mailand, bevor es über die A4 in Richtung Bergamo/Brescia/Verona in ca. 2h an den Lago geht. Beide Varianten sind mautpflichtig, in Österreich und der Schweiz per Vignette, in Italien über Alt-Stazione (Mautstellen) organisiert.

Die Alt-Stazione sind an jeder Provinzgrenze positioniert, da die Mauteinnahmen in die Kassen der jeweiligen Provinzen fließen. In den Ferienzeiten können die Wartezeiten an den Schranken sehr nervig sein. Eine Anfahrt über Landstraßen von Norden über das Valcamonica ist zwar sehr schön, wegen der unendlichen Passstraßen aber nicht empfehlenswert; die Strecke ist eigentlich nur etwas für echte Alpenfans. Wer aber nicht ganz auf das Bergerlebnis verzichten will, nimmt nach dem Brenner die Strecke Rovereto-Riva und fährt über die westliche Uferstraße des Lago di Garda und später über den Idrosee nach Iseo. Planen Sie mehrere Stunden für diesen Abstecher ein.

Per Flugzeug an den Iseosee

Nur wenige Regionen in Europa verfügen über ein so dichtes Netz an Verkehrsflughäfen wie Oberitalien. Allein Mailand mit seinen drei Großflughäfen versorgt jedes Jahr eine riesige Zahl an Fluggästen, Geschäftsleute gleichermaßen wie Touristen. Mit Bergamo, Verona und Parma stehen weitere leistungsfähige Aeroporti im Umkreis von 1 bis 1,5 h Autofahrt zur Verfügung. Da ist es kein Wunder, dass der Aeroporto di Brescia vergleichsweise wenige Fluggäste zählen kann und von den Fluggesellschaften bisher eher stiefmütterlich behandelt wurde. Aber auch Bergamo wird aus Deutschland nur von wenigen Anbietern und dann v.a. in den Sommermonaten angeflogen.

Nach Verona und Mailand hingegen bieten inzwischen Billig-Airlines mehrere Verbindungen pro Woche zu einem vernünftigen Preis. Am besten sucht man über eins der zahlreichen Flugportale im Internet (z.B. Swoodoo.de, fluege.de, cheaptickets.de). Um vom Flughafen schnell an das Urlaubsziel zu gelangen, empfiehlt sich ein Mietwagen. Buchen Sie diesen aber unbedingt von Deutschland aus, die Preise sind niedriger (Tagespreise: ca. EUR 30,00 z.B. für einen Fiat Panda).

Mit der Bahn anreisen?

Das gute Eisenbahnnetz am Iseosee macht eine Anreise per Bahn interessant. Aus allen Richtungen Europas ist die Anfahrt über die Schiene mehrmals am Tag möglich. Die Fahrt z.B. von München über Kufstein und Bozen nach Verona dauert ca. 5,5 Stunden, in Verona muss umgestiegen werden. Mit dem Eurostar geht es dann weiter nach Brescia, mit der Regionalbahn schließlich nach Iseo. Weitere Bahnhöfe finden sich in praktisch jedem Ort bis weit hinter ins Val Camonica und liegen meist ganz in der Nähe des Sees. Die Fahrt bis Brescia gibt es per Sparpreis ab 39€, die anschließende Regionalbahn wird von Trenord bedient und muss extra hinzu gebucht werden (www.trenord.it). Eine Alternativstrecke führt vom Westen Deutschlands über Zürich und Mailand z.B. von Stuttgart in knapp 8 Stunden nach Brescia. Infos am Schalter oder unter www.bahn.de, www.trenitalia.it, www.fsitaliane.it, www.sbb.ch, www.oebb.at.

Die Unterkunft strategisch wählen

Am Iseosee gibt es eine Vielzahl von attraktiven Unterkünften. Vom top geführten **5-Sterne-Haus** bis zum einfachen **Campingplatz** ist hier so ziemlich alles zu finden. Da heißt es auswählen! Die Erfahrung aus 11 Jahren Iseosee-Urlaub hat Folgendes gezeigt: **am schönsten ist der Moment am Morgen, wenn man auf den Balkon oder die Terrasse tritt und bei unverstelltem Blick auf den See die Sonne aufgehen sieht, während man das morgendliche Treiben auf den Straßen am See beobachten kann**. Voraussetzung dafür ist ein Zimmer am Hang, nicht zu weit unten, aber auch nicht zu weit oben. Achten Sie auf den Hinweis 'Seeblick' in der Unterkunftsbeschreibung. Ist dieser Passus nicht vorhanden, dann wird es wohl auch keinen Seeblick geben. Wählen Sie einen Ort, wo am Abend nicht die Bordsteine hochgeklappt werden: eine schöne Promenade, ein malerischer Hafen und ein paar nette Open Air-Cafés sind zu empfehlen. Swimming-Pool ist natürlich genial, gehen Sie aber nicht davon aus, dass er geheizt ist. Denken Sie auch daran, dass es an den Hauptorten abends lauter und voller sein kann, als es einem lieb ist. Wenn Sie möchten, können wir Ihnen konkrete Tipps unter **www.iseosee-info.de** geben. Teilen Sie uns einfach Ihre Wünsche mit, wir sprechen gerne konkrete Ortsempfehlungen aus. Auffallend ist, dass die Zahl der Ferienwohnungen z.B. in Iseo eher gering ist, die im kleinen Riva di Solto dafür umso größer. Wer lieber Berge um sich hat, wählt ein Domizil nördlich der Seemitte, die Ostseite bietet zudem abendlichen Sonnenschein. Entsprechend hat man an der Westseite morgens die wärmende Sonne. Im Süden ist die Landschaft zudem wesentlich flacher. **Den betriebsamsten Ortskern hat Lovere, gefolgt von Sarnico, Iseo und Pisogne**. Romantisch und ruhig liegen **Riva di Solto**, **Marone** und die Orte auf der Isola. Bedenken Sie bei Unterkünften auf der Insel, dass Autos am Festland bleiben müssen und einen passenden Parkplatz benötigen. Hotels bucht man direkt oder über das Portal www.booking.com. Die Preisstruktur ist an den Hauptorten 'normal', in den kleineren, etwas vom See entfernten Gebieten deutlich günstiger. Wenn möglich, nutzen Sie die Zeiten außerhalb der Schulferien. Unschlagbar sind die FerienUnterkünfte direkt am Wasser. Davon gibt es nicht sehr viele, v.a. die Hotels bieten dieses Privileg, dann auch gerne mit privatem Bootssteg für das mitgebrachte Motorboot. Private Unterkünfte am Wasser müssen meist Jahre im Voraus angemietet oder reserviert werden.

Sie suchen ein gutes Hotel!

Viele Urlauber genießen die Lage, die Ausstattung und den Service der örtlichen Hotels. Die etablierten Online-Hotel-Buchungsportale geben einen guten Überblick aller online oder klassisch buchbarer Hotels am Iseosee. Echtzeit-Verfügbarkeitsanfragen machen die Buchung zum Kinderspiel. Es hat sich allerdings herumgesprochen, dass einige Hotels bei Direktbuchung über die hoteleigene Homepage einen Rabatt einräumen, da sich der Hoteleigner die hohen Kosten für die Vermittlung sparen möchte.

Auch die Hotelportale unterscheiden sich untereinander im Preis deutlich. Rufen Sie einfach ihr Wunschhotel auf den aktuell vier großen Portalen auf und vergleichen Sie die Preise bei www.booking.com, www.hotels.de, www.venere.de und www.hrs.de. Informieren Sie sich zudem auch auf den Webseiten der Hotels über die Zimmer und deren Ausstattung. Zahlreiche Internetbucher (über die Portale) sind mit den Zimmern unzufrieden, da diese oftmals zur Straße oder zum Hinterhof hinaus liegen. Wählen Sie - wenn möglich - immer ein Zimmer 'mit Seeblick' oder 'Balkon mit Seeblick', dann sind Sie auf der sicheren Seite. 'Superiore' steht dabei für gehobenere Ausstattung und mehr Platz. Weitere Informationen finden Sie bei den jeweiligen Ortsbeschreibungen.

Hotel-Empfehlungen für den Iseosee

1. **Hotel Rivalago** in Sulzano
2. **Romantik Hotel Relais Mirabella** oberhalb von Iseo
3. **Relais I Due Roccoli** oberhalb von Iseo
4. **Costa Verde Natura** bei Clusane sul Lago
5. **Esprit D'Hotel Panoramico** bei Fonteno

Bed & Breakfast: persönlicher Service

Günstige Häuser mit meist liebevollem Service sind am Iseosee zahlreich. Wer es liebt, morgens mit einem Frühstück aufzustehen und sich ansonsten an den guten Restaurants der Region zu erfreuen, für den ist dies die erste Wahl. Manche B&Bs verfügen über eine kleine Küchenzeile, sodass auch Selbstversorgung möglich ist. Achten Sie bei der Auswahl auf die Lage mit einer guten Aussicht auf den See. Preise ab EUR 35,00 pro Person im DZ. Informationen unter www.bed-and-breakfast-italien.com. Für einige Urlauber führt an den Frühstückpensionen kein Weg vorbei, in keiner anderen Unterkunftsart lernt man Land und Leute besser kennen als im 'Haus der Familie'.

Bed & Breakfast - Empfehlungen:

1. **Panorama** in Iseo
2. **HomeSuite sul Lago** in Sarnico
3. **Il Giardino Segreto** in Iseo
4. **Ai Ronchi** in Riva di Solto
5. **Casitamia** in Clusane sul Lago

Ferienwohnungen und Ferienhäuser

Für viele die Urlaubsform am Iseosee schlechthin. Zwar sind **italienische Ferienwohnungen meist sehr schlicht** eingerichtet, doch denken inzwischen viele Vermieter um: Nur wer in Komfort investiert, kann unter der starken Konkurrenz überleben. **Reizende Ferienobjekte direkt am See**, in leichter Hanglage oder in den Bergen, geizen allesamt nicht mit wunderschönen Blicken aufs offene Wasser. Die gängigen Fewo-Portale im Internet bieten eine gute Auswahl. Ärgerlich ist es allerdings, dass oftmals Angebote als frei gemeldet werden, diese sich bei Nachfrage dann allerdings als belegt herausstellen. Achten Sie also auf direkte Buchbarkeit, dann gibt es diese Probleme nicht. Für viele ist auch ein direkter Kontakt mit einem Vermittler von Anfang an sinnvoll, denken Sie aber daran, dass oft nur Italienisch und Englisch gesprochen wird.

Man erspart sich unendliche E-Mail-Anfragen und erhält meist Angebote nach eigenen Vorstellungen. In den meisten Fällen wird eine Anzahlung fällig, der Rest bei Ankunft vor Ort bar bezahlt. **Investieren Sie lieber etwas mehr**, und die Sorgen werden kleiner. Die Internetseite www.iseosee-ferienwohnung.de bietet direkte Links und eine Anfragefunktion. Immer mehr Angebote finden sich unter www.airbnb.de, einer Plattform, auf welcher v.a. (eigentlich) bewohnte Privatunterkünfte angeboten werden. Ist der Wohnungsinhaber verreist, vermietet er seine Wohnung an andere. Tolle Idee!

Ferienwohnungen - Empfehlungen:

1. **Villa Renata** in Riva di Solto
2. **Casa Vacanze Finestra del Pescatore** in Marone
3. **Vacanza Romantica** in Riva di Solto
4. **Direttamente Al Lago** in Marone
5. **Casitamia** in Clusane sul Lago

Campingplätze am Lago d'Iseo

Die Plätze sind relativ gut über den See verteilt. Lediglich an der Westseite finden sich wegen der bis zum See hinunter reichenden Berge nur vereinzelte. **Die meisten Plätze liegen direkt am Wasser**, teilweise stört die nahe Uferstraße. Wer größere Anlagen schätzt, wird eigentlich nur südlich von Iseo fündig. Die Ausstattung ist so, wie man es in Italien gewöhnt ist: wer nach Zitronen duftende Sanitäranlagen sucht, könnte enttäuscht werden. **Trotzdem versuchen ambitionierte Plätze eine höhere Servicequalität zu erreichen**. **Mobilhomes** stehen in größerer Zahl (v.a. bei Iseo) zur Verfügung, die Vermietung wird allerdings von Selectcamp, Happycamp u.a. separat organisiert. **Einige Plätze sind zu 95% Dauercampern** vorbehalten, informieren Sie sich also frühzeitig über einen freien Platz. Reservierungen zu tätigen, ohne den Platz zu kennen, ist ein Risiko. Oft klagen die Betroffenen über zu kleine Plätze, über einen ungünstigen Standort oder fehlenden Strom. Zwischen Mitte Juli und Mitte August ist es fast unmöglich einen Platz zu ergattern, nach dem 15. August reisen aber viele italienische Gäste ab und die Chancen steigen. Die Preise sind, im Vergleich zum Rest Italiens, leicht überdurchschnittlich, im Vergleich zum Rest Europas deutlich zu hoch. Preise ab ca. EUR 20,00 für Stellplatz inkl. 2 Personen in der Nebensaison. Genaue Informationen zu den Campingplätzen am Iseosee finden Sie bei der jeweiligen Ortsbeschreibung in diesem Buch.

Karten und Lesestoff

Egal, ob Single, Ehepaar, Gruppe oder Familie mit Kindern, der Iseosee bietet allen Besuchern ein abwechslungsreiches Programm mit vielen Highlights. Vergessen Sie aber niemals gutes Kartenmaterial mitzunehmen. Mit Landkarte erhält man einen besseren Überblick über die Region, Entfernungen können besser eingeschätzt und interessante Ausflugsziele entdeckt werden. Nicht in allen Details exakt, aber uneingeschränkt zu empfehlen, ist die KOMPASS Wanderkarte Nr. 106 '**Lago d'Iseo/Valle Trompia/Franciacorta**' (11,99 EUR), ein wirklich verlässlicher Partner. Vom Maßstab größer (1:125 000) ist die ebenfalls im Kompass-Verlag erschienene Landkarte '**Gardasee-Iseosee**'. Sie ist schon für 7,99 EUR zu haben. Wer zudem in den Bergen des Nordens unterwegs sein wird, benötigt evtl. eine etwas detailliertere Karte. Karten im Maßstab 1:25 000 sind an vielen Stellen der Region in den Tourismusbüros erhältlich. Die Comunità Montana del Sebino Bresciano gibt eine Wanderkarte (**Carta di sentieri Comunità del Sebino Bresciano**) in diesem Maßstab heraus, sie wirkt zwar etwas spartanisch, dafür ist sie genau. Nicht jeder kommt allerdings mit dieser Karte zurecht. Im Internet kann man sie unter www.cartoguide.it und www.amazon.it bestellen. Anfang 2022 ist nun endlich auch ein **Wanderführer für den Iseosee** erschienen. Über 20 der schönsten Wanderungen und Spaziergänge sind darin enthalten.

Um sich ein wenig auf den Iseosee einzustimmen, gibt es einige Romane und Sachbücher, deren Handlung mit dem Iseosee zu tun hat. Ein entsprechender Suchbegriff bei Online-Buchhandlungen zeigt schnell die entsprechenden Ergebnisse. Für einige unvorstellbar, bestellen immer mehr Deutsche ihre Karten direkt in Italien bei www.amazon.it. Die Versandkosten sind überschaubar und die Zustellung schnell und verlässlich. Auf diesem Wege kann man an 'Material' herankommen, das selbst manchmal vor Ort nicht zu bekommen ist.

Die richtige Jahreszeit

Am Iseosee herrscht weitgehend mediterranes Klima: frostfreie, niederschlagsreiche Winter, heiße, trockene Sommer. Im Herbst kommt die Vegetation zum Erliegen, um im März wieder einzusetzen. Die (hoch-)alpine Umgebung des nördlichen Iseosees beeinflusst das Klima allerdings bedeutend: Auf den Bergen und in den tiefen nördlichen Gebirgstälern verzögert sich das Wachstum der Pflanzen um vier bis sechs Wochen. Bis Anfang Juni bleiben die höheren Gipfel schneebedeckt - das will bei Ausflügen in die Bergwelt bedacht sein. Die südlichen Gebirgstäler dagegen schaufeln erwärmte Luft aus dem mittleren und südlichen Italien in die Region. Oftmals herrscht am Alpenhauptkamm, also beispielsweise am Brenner-Pass, ein Temperaturunterschied von bis zu 15° C. Die Temperaturen können schon im Februar Werte um 15° C erreichen. **Spätestens im Mai beginnt der Frühsommer**, eine der schönsten Jahreszeiten am Iseosee. Die Sommer sind warm, aber weniger heiß als sonst in Oberitalien. Oft herrscht die so genannte **Inversionswetterlage** vor, die für dunstiges, aber anhaltendes Hochdruckwetter sorgt. **Der Herbst ist mit klarer Sicht** und spät sommerlichen Temperaturen die Lieblings-Jahreszeit vor allem der Bergsportler. Im Winter scheint, bei Temperaturen im leichten Plusbereich, häufig die Sonne. Störend sind die Mittelmeertiefs, die es vom Herbst bis ins späte Frühjahr hinein immer wieder für Wochen regnen lassen.

Informationen vor Ort

Die Tourismus-Büros (Ufficio Turistico) rund um den Iseosee bieten ausreichend Informationen zu dem jeweiligen Urlaubsort und der näheren Umgebung. Achten Sie unbedingt auf die Öffnungszeiten der Büros. Grundsätzlich sind sie zwischen 12.30 und 15.30 Uhr geschlossen, ± 30 min. In der Vorsaison (Juni und September) muss schon mit Einschränkungen gerechnet werden, in der Nebensaison (Mai und Oktober) wird es noch schwieriger. Weitere wichtige Informationen zu den Themen Notrufnummern, Ärzte, Krankenhäuser, Apotheken, Einkaufen, öffentlicher Nahverkehr u.v.a. finden Sie am Ende des Buches im Anhang und unter www.iseosee-info.de. Hier die wichtigsten Adressen: **IAT Brescia** Piazza del Foro 6. 25121 Brescia. T +39 (0)303749916-509. F +39 (0)303749982. iat.brescia@provincia.brescia.it **IAT Lago d'Iseo - Franciacorta** Lungolago Marconi 2 c. 25049 Iseo. T +39 (0)303748733. F+39 (0)30981361. iat.iseo@provincia.brescia.it **IAT Dar-**

fo Boario Terme Piazza Einaudi 8. 25047 Darfo Boario Terme. T +39 (0)303748751. F +39 (0)364532280. iat.boarioterme@provincia.brescia.it **IAT Alto Sebino - Lovere** Piazza 13 Martiri, 37. 24065 Lovere (BG). T +39 (0)35 962178. info@iataltosebino.it

Sie haben eine Frage zum Thema Iseosee, suchen eine Unterkunft oder möchten eine Anregung geben?

Wir helfen gerne!

Bitte senden Sie uns dazu eine eMail an die **info@zwischenraeume-verlag.de**. Besuchen Sie auch unser Iseosee-Portal unter **www.iseosee-info.de**.

PDFs als Download:

Antica Strada Valeriana (PDF)

Franciacorta, **Karte** (PDF)

Franciacorta, **Weingüter** (PDF)

Lovere, **Stadplan** (PDF)

Die öffentliche Schlfffahrt

Die staatliche Organisation **Navigazione Laghi** hat die Schifffahrt auf dem Iseosee fest im Griff. Die Schiffe steuern fast jede Ortschaft am See an. Die Fahrzeiten sind in der Regel zuverlässig, die Pläne an den Stationen trotz Zweisprachigkeit dagegen nicht immer sofort verständlich. **Fahrkarten gibt es auf dem Schiff oder an der Anlegestelle**: Etwa zehn Minuten vor Ankunft des Schiffs taucht auf geheimnisvolle, aber zuverlässige Weise ein/e Mitarbeiter/in auf, der/die Tickets verkauft. Natürlich wartet das Schiff so lange, bis alle Fahrgäste eine Fahrkarte haben und einsteigen können. 2018 hat die Organisation ihr Preissystem grundlegend geändert: ab jetzt werden Seeabschnitte gezählt, die bei der Fahrt überfahren werden; startet man in Abschnitt 1 und bleibt darin, z.B. von Sale Marasino bis zur Insel, gilt Fahrpreis Stufe 1; verlässt man diesen Abschnitt, um nach Marone zu fahren, fährt man zwei Abschnitte und zahlt folglich Stufe 2. Am teuersten ist die Fahrt von Sanico nach Lovere.

Aktuelle Fahrpläne und Abfahrtszeiten kann man **als PDF unter www.navigazionelagoiseo.it** downloaden.

BIGLIETTI / TICKETS

N. di zone attraversate e durata / *No. of crossed zones and duration*		Biglietto Ordinario *Regular Ticket*	Ridotto 20% *Reduced 20%*	R *Re*
1	60 min.	€ 2,00	€ 1,60	
2	90 min.	€ 3,00	€ 2,40	
3	120 min.	€ 4,00	€ 3,20	
4	150 min.	€ 5,00	€ 4,00	
5	180 min.	€ 5,50	€ 4,40	

N. di zone attraversate e durata / *No. of crossed zones and duration*		ABBONAMENTI / SUBSCRIPTIONS		
		Settimanale *Weekly*	Mensile *Monthly*	Annuale *Annual*
1	60 min.	€ 9,00	€ 32,00	€ 307,00
2	90 min.	€ 14,00	€ 50,00	€ 480,00
3	120 min.	€ 17,00	€ 60,00	
4	150 min.	€ 19,00	€ 65,00	
5	180 min.	€ 20,00	€ 70,00	

Die Ostseite des Lago d'Iseo in der Provinz Brescia

PARATICO

Paratico im Süden des Sees

Paratico ist der westlichste und zugleich südlichste Ort am Iseosee, der noch zur **Provinz Brescia-Franciacorta** gehört. Er liegt gegenüber von Sarnico **an der Flussmündung des Oglio**, der hier den See verlässt, malerisch in Richtung Franciacorta abfließt und einen naturnahen Raum schafft. Ursprünglich ermöglichte die Lage am Fluss ein einträgliches Geschäft mit Zollgebühren, die den Händlern auf den Weg in den Norden bzw. Süden abgenommen wurden. Die Bezeichnung 'paratica (Zollamt)' gab dem Ort wohl auch seinen Namen. Heute sorgt die Brücke über den Oglio nach Sarnico für einen reibungslosen Übergang in die Nachbarprovinz Bergamo.

Der alte und interessantere Ortsbereich verteilt sich auf die hügelige Landschaft hinter dem See, hier liegt auch eine alte Burg (**Castello di Paratico**), die allerdings nicht zu besichtigen ist. Sehenswert ist sie trotzdem, nicht zuletzt auch wegen der weiten Sicht auf den See und den Fluss. **Unten am Wasser glänzt der neue Teil des Ortes mit Restaurants, Geschäften und Badestellen**. Für einen kurzen Aufenthalt: direkt an der Brücke nach Sarnico liegt eine Pizzeria mit schöner Terrasse am Flussufer; auch der **Sentiero dell'Oglio** beginnt hier (ausgeschildert), ein 4-tägiger Etappenwanderweg den Fluss entlang bis Urago d'Oglio. Nicht weit vom Ortskern befindet sich zudem der wohl nördlichste Weinkeller der Franciacorta, die Azienda Agricola Bredasole in der Via San Pietro, 44. **Der kleine Parco dei Tassodi** zeigt ein kleines Gebiet interessanter Mangrovenbäume. Auf einem Holzsteg geht es entlang des Auenwald, Infos gibt es im Infozentrum am Fluss.

Zur Geschichte des Ortes

Bei Drainage-Arbeiten am See wurden einst **Überreste alter Pfahlbausiedlungen** gefunden, ein eindeutiges Zeugnis vorgeschichtlicher Besiedlung. Pfahlbauten wurden zum Schutz vor Wildtieren, saisonalem Hochwasser und schädlichen Bodenausdünstungen gebaut. Nicht nur hier, sondern im gesamten alpinen Raum zeigen die Pfahlbauten eine hohe und frühe Siedlungsaktivität an den Bergseen. **Die erste urkundliche Erwähnung** Paraticos geht auf das Jahre 975 zurück, als der Langobarde Erberto seinem Neffen einige seiner Landgüter vermachte, darunter auch Paratico. Geprägt ist das Gebiet seit Jahrhunderten von der adligen Familie Lantieri, die über sehr viel Land ver-

IM HINTERGRUND PARATICO MIT PFARRKIRCHE SANTA MARIA

fügte und die Gemeinde auch beim Bau eines Schlosses (heute ein Bauernhof) in Vanzago und einer Burganlage mit bis heute erhaltenem Turm unterstützte. Schön ist die Uferpromenade, die fast durchgängig bis zum Ortsausgang in Richtung Clusane (am Ende an der Straße!) reicht. Zahlreiche Cafés und Strandbars sind hier entstanden, die am Wochenende und in den Ferien ein angenehmes Flair entfalten.

Paratico ist eine aktive und lebendige Gemeinde. Wichtigste Feste sind die Pfarrfeste (15. August) zu Ehren der beiden Heiligen der Gemeindekirchen. Ende Juni lassen sich beim **Fest der Bildhauer** (**Scolpire di Piazza**) Leistungsfähigkeit und Kreativität regionaler Künstler bewundern, im August steht mit dem **Honigfest** (**Festa del miele**) ein attraktives Event auch für Touristen auf dem Programm. Über alle Feste der Gemeinde gibt ein kleiner Flyer Auskunft, der normalerweise im Rathaus ausliegt. In Paratico gibt es zwei Kirchen, die **Pfarrkirche Santa Maria Assunta** aus dem frühen 20. Jahrhundert und die **Kirche San Pietro** (18. Jahrhundert) beim Friedhof. Erstere steht unmittelbar neben einer Kapelle aus dem 12. Jahrhundert, in der in neuerer Zeit ein paar wertvollere Fresken freigelegt wurden. Die Pfarrkirche hat eine äußerst exponierte Lage auf einem Hügel über dem See, und schon der Blick auf die Fassade ist vielversprechend. Im Gemeindepark steht ein kleines Lustschlösschen (L'Oselanda) - wie es entstanden ist, weiß niemand so recht. Manch einer kann dem **Bahnhofsgebäude aus dem 19. Jahrhundert** etwas abgewinnen. Die Strecke Paratico-Palazzolo war einst von immenser Wichtigkeit für die Wirtschaft der Gegend, wo von auch die Verladestation am See mit direkter Anbindung der Bahn zeugt. Heute fahren hier allerdings nur noch Museumsbahnen und das Bistro bietet Getränke, Snacks, einen schönen Garten und sogar Zimmer. In direkter Nachbarschaft befindet sich der **Bosco Taxodi**, ein kleiner Naturpark und neuester Stolz der Gemeinde. Der Taxodi-Wald ist das Flaggschiff von Paratico, er umfasst eine Fläche von etwa 20.000 Quadratmetern und besteht hauptsächlich aus der Baumart Taxodium distichum. Das Unterholz, ein feuchtes Durchgangsgebiet zwischen den Ablagerungen des Oglio-Flusses und den Moränen von Paratico, ist in der Umgebung einzigartig und ein wichtiger Rastplatz für die Vogelwelt darunter der berühmte **Graureiher**, der oben in den Baumwipfeln brütet.

BLICK AUF PARATICO VON DER PROMENADE IM NORDEN

La Torre di Paratico (medievale lantieri)

Der sehenswerte mittelalterliche Turm steht heute zwischen modernen Häusern im oberen Ortsteil in der Via Cavour 29a. Im Jahr 1311 soll **Dante Alighieri** hier während seines Exils Teile seines berühmten Werkes geschrieben haben. Die Burg wurde von der Familie Lantieri **Ende des 12. Jahrhunderts** auf den Grundmauern einer anderen Festung gebaut. Der Turm und einige Fragmente der Burgmauer stehen den Besuchern offen, am Eingang des rechteckigen Gebäudes ist das ehrwürdige Wappen der Familie zu sehen. Spannend ist der medial aufbereitete Zugang zum

Turm (Quadrisfera). Besichtigungen immer sonntags 15.00 bis 18.00 Uhr. Via Cavour, 29a. 25030 Paratico. Der **Stadtpark Segafieni** erstreckt sich auf 41.500 m² im Zentrum von Paratico in Panoramalage mit Blick auf den See. Der Blick reicht von Paratico und Clusane bis zum Uferstreifen von Sarnico. Der Park bietet neben einem historischen Gebäude einen Skulpturen-Weg lokaler Bildhauer, keine große Sache.

An kühleren Tagen ist ein Ausflug in den - ca. 30 Minuten Autofahrt entfernten - Thermenort **Trescore Balneario** zu empfehlen. Schon in der römischen Antike wurden die warmen Quellen intensiv genutzt! Zudem sind in Trescore auch der **Torre Suardi** und die **neoklassizistische Kathedrale** sehenswert. Informationen gibt es unter www.termeditrescore.it. Terme di Trescore S.P.A. Via Gramsci. 24069 Trescore Balneario (BG). T +39 (0)35 4255511. Die Nähe zum Fluss und das leicht hügelige Gelände im näheren Umkreis sind ein schöner Anlass, einen Spaziergang oder eine kurze Wanderung zu unternehmen. Wege sind teilweise ausgeschildert.

Unterwegs im Parco Oglio Nord

Einen Ausflug nach **Palazzolo** ermöglicht ein gut ausgeschilderter und ebenso gut erkennbarer Weg entlang des Flusses Oglio. Die 11 km durch die vielseitige Schönheit der nördlichsten Franciacorta sind problemlos zu Fuß oder auch mit dem Fahrrad zu bewältigen. Erst jenseits der Autobahn verläuft der Weg ausschließlich am Fluss entlang zur Ortsmitte von Palazzola (ca. 1,5 h). Von dort aus kann man dem Fluss weiter in Richtung Süden folgen, bis er nach 154 km in den Po mündet. Informationen über die Etappen gibt ein Flyer, der in der Tourist-Info erhältlich oder per PDF unter www.parcooglionord.it downloadbar ist. Der Parco delle Erbe Danzanti, der vor kurzem aufwändig ausgestaltet wurde, ist ein idealer Ort zum Spielen, Relaxen, Baden und Cappuccino trinken. Der grüne Freizeitbereich folgt der Uferpromenade in südlicher Richtung und endet an der alten Verladestation.

In Paratico eine Unterkunft finden

Schöne und ruhige Herbergen finden sich entlang der Uferpromenade (lungolago), wenn einen der Rummel der Leute im Sommer nicht stört. **Hotel Ulivi** Viale Dottor Aldo Madruzza 11, 25030 Paratico. 035 912918. www.ulivihotel.it. Preise ab EUR 70,00 (DZ). Schöne Lage am Hang zum See, wirkt aber eher wie eine Appartment-

Anlage. **Golf-Hotel Paratico** Via XXIV Maggio, 48. 25030 Paratico (BS). 035 913333. Gute Lauf-Lage zum See, allerdings etwas in die Jahre gekommen. Achten Sie auf ein Zimmer mit Seeblick. Preise ab EUR 80,00 (DZ). **B&B Aria di Lago** Via Barro, 2. 25030 Paratico. www.ariadilago.it. Preiswerte Pension am Ortseingang. Preise ab EUR 50,00 (2 Personen). Ein besonderes Haus findet man im ca. 6 km entfernten Corte Franca. **Das Relais Franciacorta** bietet außergewöhnlichen Service und Zimmer in ländlicher Lage. Infos unter www.relaisfranciacorta.it. Preise ab EUR 105,00. Wer ein 5-Sterne-Haus sucht, findet im 10 km entfernten **L'Albereta Relais & Chateaux in Erbusco** wahre Sternstunden der Gastrokultur. Interessante Einblicke unter www.albereta.it. Paratico lebt v.a. von der geografischen Nähe zu Sarnico. Dort befinden sich das Krankenhaus, die Polizeistation und die wichtigsten Versorgungsstationen. Wochenmarkt: immer am Samstag entlang der Seepromenade südlich der Brücke. In der Hauptsaison zusätzlich am 1., 3. und 4. Sonntag des Monats Antik-, Floh- und Kunsthandwerkermärkte an gleicher Stelle.

Gut essen in Paratico

Ristorante Pizzeria L'Approdo Via XXIV Maggio, 92. 25030 Paratico. 035 914488. www.ristoranteapprodo.com. Gutes Lokal in Top-Lage direkt am See. **Aqua Bar und Restaurant**. Località Chiatte Via Guglielmo Marconi, 4. 25030 Paratico. 035 928681. Tolle Location am See für ein relaxtes Abendessen auf Loungemöbeln. Zahlreiche weitere Restaurants unterschiedlicher Qualität. Eventuell lohnt sich ein Spaziergang hinüber nach Sarnico. Geschäfte aller Art im Viertel an der Brücke nach Sarnico.

Was man noch wissen muss

Paratico ist bei den deutschen Urlaubern sicherlich nicht erste Wahl. Der Ort liegt aber sehr verkehrsgünstig, ist sonnenreich und hat ein lebendiges Gemeindeleben. Zudem machen die Lage am Fluss, die Nähe zu Sarnico, Brescia und Bergamo den Ort sehr attraktiv.

CLUSANE

Clusane

Clusane ist ein hübscher kleiner Ort im Süden des Iseosees mit einer großen **Fischereitradition**. Den Besucher erwartet ein kleiner **historischer Kern**, ein bedeutendes **Castello** und eine beachtliche **Uferpromenade** entlang einer schmalen Halbinsel mit schöner Bucht, an deren Spitze die Schiffsanlegestelle liegt. Auf dieser Promenade (Lungolago) werden im Sommer unzählige Tische zu einer einzigen großen Tafel zusammengetragen, um das legendäre Fest '**Tinca al forno**' zu feiern. Für Besucher ist es nicht ganz leicht, aber wer einen Tisch ergattert hat, bekommt ein seit 1956 zubereitetes Gericht auf den Teller, das in Clusane eine große Tradition genießt: **die gebackene Schleie** (tinca tinca). Zu dem Fisch werden an diesen Tagen nur eine deftige Polenta und ein Schlückchen aus der nahe gelegenen Franciacorta gereicht. Meist bieten die Lokale einen Komplettpreis mit Vorspeise und Wein für ca. EUR 20,00 an. Die Schleie ist ein Karpfen-ähnlicher Süßwasserfisch, der - bis auf wenige Ausnahmen - in ganz Europa vorkommt. **Der gute Speisefisch** hat festes, fettarmes Fleisch und lebt auch im Iseosee. Natürlich werden die Fische für dieses Event extra gezüchtet und gemästet, da der See eine solche Fangquote gar nicht verkraften könnte. Der Fisch wird bei diesem Fest frittiert und/oder im Backofen mit einem schönen Teig überbacken. Das Fest findet immer am dritten Wochenende im Juli statt.

Was macht Clusane so beliebt?

Clusane lag früher auf dem Territorium der Gemarkung Iseo, wurde vorübergehend selbstständig und gehört heute wieder zur Gemeinde Iseo. Aufgrund eindeutiger, archäologischer Funde konnte man eine **Frühbesiedelung der Römer** nachweisen. Zwei Kirchen und das gut erhaltenes Castello stehen für die mittelalterliche Geschichte des Ortes. Neben der Tinca al Forno wird mit dem '**Sagra delle aole**' ein weiteres Fest zugunsten einer kleineren Fischart (Aole) gefeiert, die in Mehl gewendet und frittiert wird (Mitte Mai am Sonntag). Berühmt ist auch der **Carneval von Clusane** im Februar mit Umzug und der Ferragosto am 15. August zu Ehren des heiligen Raphael.

Im Ort sind mehrere Kirchen zu sehen, die unterschiedlicher kaum sein können. Die neueste und vom Stil her ungewöhnlichste ist die **Pfarrkirche 'Risto Re'** aus dem Jahre 1935. Sie steht links der Durchgangsstraße in der Via Luigi di Bernardo, 6. Der monumentale Bau verbirgt

CLUSANE IST EIN SYMPHATISCHER, KLEINER ORT AM SEE

einige moderne Fresken und Kunstgegenstände aus Marmor. Sehenswert ist auch die **Chiesa die SS. Gervasio e Protasio**, die inmitten der alten Gassen ihrem stolzen Alter von 1 000 Jahren trotzt. Tatsächlich gibt es eine urkundliche Erwähnung aus dem Jahr 1093, der heutige Bau wurde allerdings später auf die Überreste dieser alten Kirche gesetzt. Die dritte Chiesa im Bunde ist das **Oratorio di San Rocco** nahe der Anlegestelle in der Via San Rocco, 2. Im alten Ortskern rund um SS. Gervasio e Protasio stellen die **Via della Chiesa Vecchia**, die **Via Molino**, die **Via Castello** und die **Via Ponta** die wahren Zeitzeugen von Clusane dar, hier entdeckt man das ein oder andere Fragment aus früheren Zeiten.

Das **Castello von Carmagnola** ist ein überzeugendes Relikt einer Zeit, in der Feudalherren ihren Reichtum dokumentierten. Sie steht direkt an der Uferpromenade und kann am ersten Montag jeden Monats von 8.00 bis 11.00 und von 14.00 bis 17.00 Uhr besichtigt werden. Von Oldofredi im 14. Jahrhundert auf den Grundmauern einer älteren Festung erbaut, ging der Besitz in den Folgejahrhunderten durch vielerlei Hände. Um 1428 erhielt **Francesco di Bussone** (genannt Carmagnola) das Anwesen als Dank für im Krieg und in der Armee geleistete Dienste. Nur vier Jahre später wurde er hingerichtet, die Burg in Folge verkauft. Zahlreiche Renovierungen wurden im Laufe der Zeit getätigt, besonders markant sind die Arkaden mit den filigranen Säulen, die kleinen Verbindungsbrücken und das noch sichtbare Grabensystem. Via Porto 2 - 5 in Clusane. Nur ein paar Minuten südlich von Clusane befindet sich der **Franciacorta Golf Club**. **Associazione Sportiva Dilettantistica Franciacorta Golf Club**. Via Provinciale, 34/B. 25040 Nigoline di Corte Franca (BS). 030 984167. www.franciacortagolfclub.it. An der Hauptstraße in Richtung Paratico (Via Risorgimento 132-134) liegt ein **Freibad mit Strandzugang**. Die Tageskarte gibt es ab EUR 7,50 pro Person.

In Clusane eine Unterkunft finden

Schön ist die Lage ganz vorne an der Landzunge und entlang des Ufers. Weiter hinten im Ort liegen die Unterkünfte eher an sanften Hügeln mit Aussicht. **Romantik Hotel Relais Mirabella Iseo** Via Mirabella, 34. 25049 Clusane sul Lago. www.relaismirabella.it. Preise ab EUR 134,00 (DZ). Der Blick auf den See und die Bergwelt: fantastisch. Auch der Service überzeugt und macht die Anlage zu einer Top-Unterkunft. **Empire Resort Hotel Del Dossello**, 30. 25040 Clusane sul Lago. www.hotelempireresort.it. Preise ab EUR 80,00 (DZ). Nettes kleines und gut geführtes Hotel mit Blick auf den Iseosee. **TIPP | Hotel Punta dell'Est** Via Ponta, 163. 25040 Clusane sul Lago. www.hotelpuntadellest.it. Preise ab EUR 65,00. Einzigartige Lage an der Spitze der Halbinsel. Südlich des Ortes befinden sich zahlreiche Campingplätze, die zwischen Ufer und Straße hauptsächlich Dauercamper der Region anziehen.

Gut essen in Clusane

In Clusane gibt es eine fast unüberschaubare Anzahl guter Restaurants. Nicht alle können getestet und vorgestellt werden. Folgen Sie einfach Ihrem Gefühl, ein paar Tipps finden Sie hier: **Trattoria del Muliner** Via San Rocco, 16. 25049 Clusane sul Lago. 030 9829206. www.trattoriadelmuliner.it. Kleines und feines Lokal etwas abseits des Zentrums. **Ristorante Trattoria Al Porto** Porto dei Pescatori, 12. 25049 Clusane sul Lago. 030 989014. Gute Portionen, keine Außenplätze. **Ristorante Pizzeria Da Sandro** Via Carlo Lanza, 10. Clusane sul Lago. www.dasandroclusane.com. Gute Pizza.

Iseo

Iseo ist der Namensgeber des Lago d'Iseo und Mittelpunkt der Region, sowohl in wirtschaftlicher, als auch in kultureller Hinsicht. Der Ort war immer schon ein begehrtes Objekt in den Jahrhunderte andauernden Machtspielen der umgebenden Herrschaften. Anfangs unter Kontrolle der Stadt Brescia, ging das Besitzrecht später auf Venetien über, schließlich an die Spanier und Habsburger. Mit Eingreifen der Garibaldi-Truppen endete das lange Wechselspiel. Die Bevölkerung feierte diesen Tag im Jahre 1883 mit dem ersten **Denkmal zu Ehren Garibaldis**, das je gebaut wurde und heute noch im Herzen der Ortschaft an der Piazza Garibaldi steht. Iseo lebte lange von Zolleinnahmen für den Handel ins Valcamonica, war Umschlagplatz für qualitätsvolle Wolle und die Handwerkerei hatte einen guten Namen. **Als Ende der 30'er Jahre der europäische Tourismus** langsam in die Gänge kam, stellte der Ort mit dem Ausbau der Uferpromenade die richtigen Weichen. Heute bietet Iseo eine vielseitige Palette an touristischen Angeboten. Gastfreundschaft wird großgeschrieben und die Auswahl an Unterkünften (insbesondere Hotels) ist folglich überdurchschnittlich groß. Im Süden der Stadt finden sich einige Campingplätze, das Sportzentrum, der Sportboothafen und das öffentliche Strand- und Schwimmbad auf einem riesigen, naturnahen Areal.

Iseo liegt landschaftlich reizvoll zwischen den letzten Ausläufern der Alpen und der Franciacorta, dem aufstrebenden Weinanbaugebiet im Süden des Lago. Die Anbindung an das italienische Bahnnetz ist heute immer noch ein wichtiger Faktor für Wirtschaft und Tourismus, ebenso wie das '**Centro commerciale le Torbiere**', ein großes Einkaufszentrum, das ca. 2 km südwestlich zum Bummeln einlädt. Iseo bietet zahlreiche Kirchen, ein altes Schloss, mehrere Museen und die gut erhaltene alte Ortsstruktur, die in relativ kurzer Laufentfernung zu erkunden ist. Zu empfehlen ist die rund 1 km lange Uferpromenade, sie führt vom südlichen Hafenbereich bis zum Krankenhaus der Stadt am nördlichen Ortsende. Viele Restaurants und Cafés stehen den Besuchern offen, die Auswahl fällt nicht leicht. Unterwegs trifft man auf das **gut aufgestellte Tourismus-Büro** in der Via Archetti, 6; in der Regel wird auch Deutsch gesprochen. Dienstag und Freitag ist Wochenmarkt. regelmäßig finden Antiquitäten- und Kunsthandwerkermärkte statt. Für Naturfreunde bietet das Gebiet um den **Monte Cognolo** ein attraktives Wandergebiet im Osten von Iseo. Vom Gipfel des markanten 600'ers hat

DAS GARIBALDI-DENKMAL IN ISEO

man einen genialen Blick auf Ort und See. Noch interessanter ist das Naturschutzgebiet **Torbiere del Sebino**, das direkt an das Stadtgebiet anschließt. Jährlich im Sommer findet das **Iseo Jazz-Festival** statt. An verschiedenen Plätzen der Gemeinde gibt es Konzerte mit nationalen und internationalen Jazz-Musikern. www.iseojazz.it.

Iseo hat einen sehr schönen Stadtkern in der Nähe der Schiffsanlegestelle. Schnell erreicht man - am Denkmal für Gabriele Rosa vorbei - die Piazza Garibaldi mit dem berühmten Standbild, das 1883 von Bordini angefertigt wurde. Direkt daneben das historische Rathaus und die vielen von Arkadengängen beschatteten Geschäfte. Das **Castello Oldofredi** im Ostteil der Stadt wurde im Laufe der Jahrhunderte mehrmals umgebaut, verändert und erweitert. Sicher ist, dass das Gebäude im Jahre 1161 von König Barbarossa zerstört wurde. Der rechteckige Bau steht im alten Ortskern nahe der Fußgängerzone (Via Mirolte) und ist teilweise zu besichtigen. Im 13. Jahrhundert wurde das Castello auf Betreiben des Oldofredi-Clans neu aufgebaut, die Grundmauern und die vier Türme zeigen noch Fragmente der ursprünglichen Bausubstanz. Später wurde die Burg zu einem Kloster umgewidmet, heute beherbergt sie die örtliche Bücherei und das Militärmuseum. Von der Seepromenade gelangt man über die Via del Duomo bzw. die Via Pieve schnell zur Piazza del Sagrato. Die Frontseite der **Kirche Pieve di Sant'Andrea** wird durch den Turm aus dem 14. Jahrhundert geprägt. Ursprünglich auf den Resten einer römischen Tempelanlage

SCHMALE GASSEN IN ISEO'S ALTSTADT

gebaut, ist die Kirche auch die Grabstätte des für den Ort Iseo so wichtigen **Adligen Giacomo Oldofredi**. Im Innern des Gotteshauses sind zahlreiche Fresken zu sehen, am Altar und über dem Eingang die kunstvollen Arbeiten eines Tizian-Schülers. Beachtenswert im Mittelschiff ist ein in den Boden eingelassener Grabstein aus dem Jahre 1765. Hochinteressante alte Malereien verbergen sich hinter dem Altar der **Chiesa Chiesa di San Silvestro**. 1985 wurden diese im Zuge einer Renovierung freigelegt, die Fresken zeigen einen Totentanz in mehreren Szenen. Die Kirche aus dem 13. Jahrhundert wirkt wie ein normales Wohnhaus und befindet sich am **Platz der Kirche Sant' Andrea auf der Piazza del Sagrato**. Und damit nicht genug: Mit der Chiesa di S. Giovanni Battista gibt es einen weiteren Kirchenbau am Platz, das Äußere zeigt aber sofort, dass dieser vor Jahren geschlossen wurde.

Außerdem besuchenswert ist die **Chiesa Santa Maria del Mercato** in der Via delle Morolte sowie die **Santuario Madonna delle Neve** an der Rampa Capuccini mit kleinem Park zu besichtigen. Der **Palazzo dell' Arsenale** ist ein geschichtsträchtiger Bau im Zentrum von Iseo. Das ehemalige Handelshaus wurde bis in die 80'er Jahre als Gefängnis genutzt. Heute ist es der Sitz des gleichnamigen Kulturzentrums, das sich mit zahlreichen und interessanten Veranstaltungen in den Bereichen Kunst und Kultur einen Namen gemacht hat. **Fondazione l'Arsenale**. Vicolo Malinconia, 2. 25049 Iseo 030/981011. www.arsenaleiseo.it.

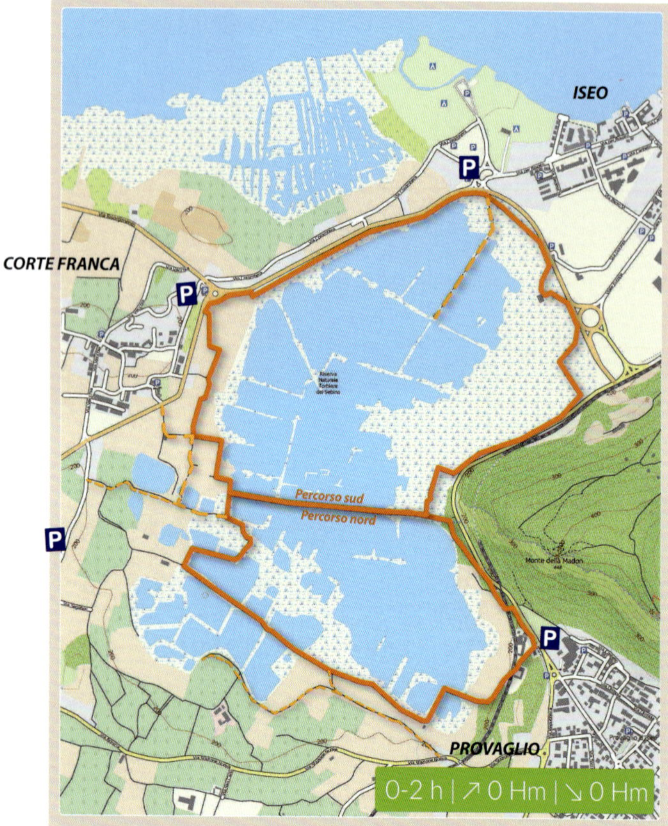

Das Riserva Naturale Torbiere del Sebino

Die Torfmoore (torbiere) des Sebino umfassen ca. **360 Hektar** und erstrecken sich zwischen den Ortschaften **Iseo**, **Provaglio d'Iseo und Corte Franca** in direkter Seenähe. Das als Naturschutzgebiet ausgewiesene Areal präsentiert sich als **Feuchtgebiet der Extraklasse**. Die Torfmoore bieten zahlreiche Beobachtungsstellen für die Liebhaber des Birdwatching: ausgerüstet mit Fotokamera und Spektiv kann die vorhandene Vogelwelt beobachtet werden. Der **Purpurreiher**, die **Rohrweihe**, der **schwarze Milan** und die **große Rohrdommel** sind keine seltenen Gäste, wobei man sagen muss, dass seltenere Vögel nur im Frühjahr und Herbst zu sehen sind. Die Torfmoore des Sebino sind ganzjährig von Sonnenaufgang bis Sonnenuntergang geöffnet. Der Zugang erfolgt über 3 Haupteingänge, einer in Iseo, einer in Provaglio und einer in Corte Franca: Hier befindet sich jeweils ein Ticketautomat, an dem man eine Eintrittskarte für EUR 1 kaufen kann; sonst können EUR 20 Strafgeld erhoben werden. Grob ist das Moor in drei

SPAKTAKULÄRES NATURSCHUTZGEBIT DIREKT BEI ISEO

große Wasserflächen aufgeteilt, eines davon liegt direkt an der Uferstraße, eines dahinter. Das dritte Teilstück liegt direkt am Iseosee und darf nicht betreten werden. Durch Kombination aller möglichen Strecken kann eine **Gesamtlänge von über 8 km** erreicht werden. Die Teilstrecken sind mit **percorso sud**, **percorso nord** und **percorso centrale** bezeichnet. Für den Einstieg eignet sich der percorso sud über Provaglio d'Iseo: beim **Kloster Monastero di San Pietro in Lamosa** (am Ortseingang von Provaglio) beginnt der Weg sowohl links, als auch rechts vom Klostereingang. Wir sind dem Weg links gefolgt, im Uhrzeigersinn also. Auf breiten Wegen führt der Weg durch Weinreben bald in schattigere Uferbereiche, die ersten Blicke auf das Moor sind vielversprechend. Das ganze Gebiet ist vorbildlich ausgeschildert, an den Knotenpunkten befinden sich Karten und Informationstafeln, die Auskunft darüber geben, mit welchen Tieren wann zu rechnen ist. **Kombinieren Sie die Wege ganz nach Ihren Vorstellungen**, überqueren Sie aber auf jeden Fall das Gebiet in der Mitte, mit etwas Glück sehen Sie auch seltenere Vogelarten! Selbst an Wochentagen und auch in der Nebensaison sind immer einige Besucher unterwegs. Am großen Kreisverkehr vor Iseo befindet sich das Besucher-Informationszentrum, das über alle relevanten Fragen informiert.

Die Firma **Iseo Bike noleggio biciclette** bietet in Iseo Full-Service rund um das Fahrrad. Die Ausleihe von verschiedenen Modellen mit eUnterstützung und ohne von einem Tag bis zu einer Woche und mehr. Gerne werden Touren

DIE SEEPROMANDE IN ISEO IST GUT GELUNGEN.

vorgestellt, empfohlen oder begleitet. Bike-(Rück)Transport mit dem Anhänger oder per Zug - in allen Belangen wird der Kunde unterstützt. Im Süden des Ortes ist mit dem Lido Belvedere ein Freibad mit weiteren Freizeitangeboten vertreten.

Übernachten in Iseo

Due Roccoli Via Silvio Bonomelli/Strada per Polaveno. 25049 Iseo. www.idueroccoli.com. Preise ab EUR 130,00. Traumhafte Lage auf einer Anhöhe in Richtung des Bergdorfs Pavaleno. **Araba Fenice Hotel** Via Fenice, 4. 25049 Iseo/Pilzone. 030 9822004. www.arabafenicehotel.it. Preise ab EUR 120,00. Gut geführtes Hotel direkt am See. Engagiertes Personal, Zimmer zur Straße meiden. **Borgolago Suites** Via Sambuco, 23. 25049 Iseo. 030 9822497. www.borgolago.com. Preise ab EUR 90,00 (Apartment). Sehr hochwertige Ausstattung und zentral gelegen. Neuwertig. **Agriturismo La Tesa** Via Silvio Bonomelli. 25049 Iseo. 030 9822984. www.latesa.it. Preise ab EUR 100,00. Auf der Straße nach Pavaleno gelegener Bio-Betrieb mit Pool. Auf dem Gelände befindet sich auch ein Campingplatz. Für Naturfreunde sehr zu empfehlen. **Bed&Breakfast Il Pescatore** Via Sambuco, 35a. 25049 Iseo. www.bbpescatore.it. Preise ab EUR 60,00. Schön renoviertes und verstecktes Haus mit kleinem Gemeinschaftsgärtlein. **Camping Sassabanek** Via Colombera, 2. 25049 Iseo. Großzügiger Platz mit Camping, Mobilhomes, Bungalows und Apartments. Viele Anlegestellen für Motor- und Segelboote. **Camping del Sole** Via per Rovato, 26. 25049 Iseo. www.campingdelsole.it. Zentrumsnaher schöner Campingplatz mit Sportangeboten. Zwei weitere Campingplätze am nördlichen Ortsende: **Camping Punta d'Oro** und **Camping Iseo**. Beide direkt am See, sehr gut geführt und in deutscher Hand. **Camping Punta d'Oro**. Via Antonioli 51/53. 25049 Iseo. www.camping-puntadoro.com. **Camping Iseo**. Via Ippolito Antonioli, 57. 25049 Iseo. www.campingiseo.it.

Gut essen in Iseo

Ristorante Pizzeria Leon D'Oro Via Dante Alighieri, 2. Direkt am Hafen; sehr gut und sehr frequentiert. Gutes Risotto mit Barsch (!). Osteria la Tana dell`Orso Via Pieve 4/a. 25049 Iseo. 030 9821616. Sehr gutes Lokal. Relativ neu präsentiert sich die **Strandbar Spiaggietta** an einem Uferabschnitt des südlichen Iseo, wo sich viele Einheimische, aber auch Touristen tummeln. Dieser Strandabschnitt, **Spiaggetta dei Mille** genannt, befindet sich zwischen dem Campingplatz Lido del Sole und den kleinen Hafenanlagen. Man erreicht ihn über die gleichnamige Viale dei Mille, vorne am See rechts. Zum legeren Abendessen bietet sich ein Besuch im **Food & Drink Mó Mó Iseo** nur wenige hundert Meter weiter in Richtung Ortskern an der Piazza Salmister 12 direkt am See an; noch relativ günstig bekommt man hier Speisen ein bisschen abseits der Norm! An der Uferpromenade reiht sich ein Lokal an das andere, in der Regel in guter Qualität - mit besonders liebevollem Service brauchen Sie allerdings nicht immer zu rechnen.

Was man noch wissen muss

Iseo ist rundum ein angenehmer Urlaubsort mit guter Infrastruktur. Tausende Städter reisen aus dem Süden für ein Wochenende an und der Trubel ist groß; trotzdem wird das Urlaubsgefühl dadurch nicht wesentlich beeinträchtigt. Am schönsten genießt man den Ort in den Abendstunden kurz vor und kurz nach dem Sonnenuntergang, die Stimmung ist einfach fantastisch.

PILZONE

Pilzone als Ausgangspunkt der Valeriana

Pilzone war lange Zeit autonom, heute jedoch gehört der kleine Ort rund um die schöne Halbinsel '**Montecolino**' zu Iseo. Im Süden und im Norden befindet sich jeweils ein Yachthafen, darunter auch ein großes Wassersportzentrum mit der Möglichkeit, Motorboote aller Art auszuleihen. Am Wochenende und in den Ferienmonaten ist entsprechend viel Betrieb an den Stegen. Für diejenigen, die an Land bleiben, gibt es einige **schmale Badestellen**. An der zum See zugewandten Seite liegen - landschaftlich reizvoll - mehrere Campingplätze, was die Bedeutung Pilzones für den Tourismus am Iseosee unterstreicht. Leider sind diese zum Großteil von Dauercampern belegt. Zu erwähnen ist die **Parrocchia Assunzione di Maria e SS. Pietro e Paolo** (16. Jahrhundert), die Pfarrkirche Pilzones in unmittelbarer Nähe des Bahnhofs. **Aus dem Glockenturm wächst immer noch ein Feigenbaum**! Entlang der Hauptstraße liegen einige Hotels, Restaurants und Geschäfte. Weiterhin interessant ist der Besuch der **Chiesa di S. Tommaso** (15. Jahrhundert) im Centro Storico der Gemeinde. Eine gut gemachte Infotafel informiert über die Geschichte des alten Ortskerns, die wichtigsten Gebäude werden genannt und erklärt (italienisch/englisch). Gut und teuer essen kann man in der **Pizzeria La Perla** in der Via Fenice 3/c beim Sporthafen. Das dazugehörige **Araba Fenice Hotel** in der Via Fenice, 4 liegt direkt am See (Zimmer zur Straße meiden) und ist eines er etabliertesten Gästehäuser der Region.

ANTICA STRADA
VALERIANA

Die **Antica Strada Valeriana** (ASV)

Für Wanderer ist Pilzone aus einem anderen Grunde hochinteressant. Gegenüber der Kirche am zentralen Platz der Gemeinde beginnt ein schöner, ca. 20 km langer **Saumpfad von Pilzone nach Pisogne**, die Antica Strada Valeriana. An der Kreuzung dazu einfach der Straße bergauf, am Zeitschriftenladen/Brunnen vorbei bis zur Infotafel folgen: diese Tafel zeigt den Streckenverlauf und gibt die wichtigsten Zwischenziele bekannt. Der Weg ist übrigens

UNTERWEGS AUF DER VALERIANA

sehr gut mit Infotafeln und Kurzwegweisern ausgeschildert, ein Verlaufen fast unmöglich. Die Bezeichnung für diesen alten Handels- und Verbindungsweg von Nord nach Süd variiert immer wieder, lassen Sie sich davon nicht stören. Die Strecke führt teilweise auf alten Kopfsteinpflasterwegen zunächst nahe dem Ufer **an Sulzano und Sale Marasino vorbei bis nach Marone**. Hier steigt der bislang relativ flach verlaufende Weg steil an, bis auf 900 m windet sich der Wanderpfad zum Bergort Zone. Nach weiteren zwei Stunden erreicht man Pisogne, den Zielpunkt der Wanderung. Unterwegs trifft man auf zahlreiche interessante und historische Denkmäler, von den Naturschönheiten und Weitblicken ganz zu schweigen. Diese Tour gehört zu den Top-Unternehmungen am Lago d'Iseo. Zurück geht es mit Bahn oder Schiff - es empfiehlt sich, dazu stets die aktuellen Fahrpläne mit sich zu führen. Nehmen Sie ausreichend Proviant mit, ein Absteigen zu den jeweiligen Orten am See ist allerdings jederzeit möglich, Frischwasserbrunnen sind ebenfalls auf den Infotafeln eingezeichnet und sind zahlreich.

Ein relativ kurzer Wanderweg führt von Pilzone hinauf zur **Chiesa San Fermo**, einer kleinen Kapelle, die jeder Pilzone-Besucher sofort oben auf dem Felsvorsprung entdeckt. Der Aufstieg ist steil, der Ausblick von oben genial. Die **Panchina Gigante di Pilzone** befindet sich in unmittelbarer Nähe. Zwei Highlights auf gleicher Strecke.

Sulzano

Sulzano ist ein sympathischer und lebendiger Ort gegenüber der wunderbaren **Monte Isola**. Die Entfernung zur größten Binnenseeinsel Italiens beträgt hier nur 740 m; ein Linienschiff und das Fährschiff bringen die Gäste für wenig Geld alle 20 min. hinüber nach **Peschiera Maraglio**. Sulzano war ursprünglich nicht mehr als ein **befestigter Hafen für das Bergdorf Martignago**. Erst später wurde der ganze Uferstreifen trockengelegt und bebaut, mit Hilfe der Kalkproduktion und der Wollverarbeitung wuchs der kleine Marktflecken zur heutigen Größe heran.

Am besten beginnt man eine kleine Erkundungstour am Hafen. Folgen Sie - vorbei am Schiffsanleger - der **Via Cadorna in die Altstadt** mit ihren schönen Fassaden, alten Laternen und vielen romantischen Seeblicken. Schnell lernt der Besucher die **spezielle Atmosphäre des alten Fischerviertels** unten am See kennen. Bald erreicht man die aus dem 18. Jahrhundert stammende **Chiesetta della Visitazione**; die Kirche beinhaltet einige interessante Fresken, die dem Künstler **Domenico Voltolini** zugeschrieben werden. Auf Höhe der Fleischerei Macelleria Gervasoni Michele überquert am die Hauptstraße und trifft bald auf die **Chiesa di San Giorgio Martire**. Auf dem Kirchplatz vis à vis der eleganten Fassade erscheint der freistehende Campanile (Kirchturm) der Pfarrkirche. Die im Inneren reich verzierte Kirche wurde gegen 1700 fertiggestellt, die Vorkirche stammt aus dem 16. Jahrhundert. Bemerkenswert ist die von **Francesco Bossi** gebaute Orgel. Folgen Sie der Straße weiter, sie geht später in die Via Armando Diaz über. Nach ca. 10 min. erreichen Sie die **Santuario di San Fermo**, ein kleines Kirchlein mit toller Aussicht an der Via Gazzane. Ganz in der Nähe befinden sich die **Cascata dell Amore**, die man über die Parallelstraße Via Tassano erreicht.

Die Bergwelt hinter Sulzano

Außerhalb des Ortes - auch in den Bergen oberhalb von Sulzano - gibt es ein paar interessante Gotteshäuser zu entdecken. Die **Chiesa Santa Maria del Giogo** liegt auf dem Grat der Bergkette zwischen dem Valcamonica (Iseosee) und dem Val Trompia. Der Aufstieg dorthin ist anstrengend, aber gut machbar, in jedem Fall ein Erlebnis. Natürlich führt auch eine schmale Fahrstraße hier hoch, diese ist aber langwierig und am Ende recht eng, für sportliche Radfahrer eine Herausforderung. Das Gotteshaus auf 968 m gehört zur Gemeinde **Polaveno**. Viele Wallfahrer

und Pilger sind unterwegs, vor allem aber Bergwanderer, die hier, den Sentiero del 3 Valli begehend, vorbeikommen. Im Inneren sind einige alte Marienfresken zu sehen.

Das **Gemeindefest Sagra del Cinghiale** findet immer während des Monatswechsels September/Oktober statt. Die meisten lokalen Gasthäuser nehmen in diesen Tagen etliche Wildschweingerichte auf die Tageskarte. Für ca. EUR 25,00 bekommt man ein deftiges Menü inkl. Getränk (Hauswein). Eine Reservierung ist unbedingt notwendig. Die **Associazione Culturale Arte Musica Nistoc** veranstaltet Ende Juli/Anfang August ein Gitarrenfestival in den Bergen oberhalb Sulzanos (Lassano). Ende April gibt es das **Palio del Drago**, ein mittelalterliches Straßenfest, das an den Sieg Sankt Georgs über den Drachen aus dem See erinnert.

Übernachten in Sulzano

In Sulzano nächtigt man ganz vorne an der Uferlinie. Unterkünfte nahe der Bahnlinie sind günstiger, nachts fahren kaum Züge! **Hotel Rivalago** Via Cadorna 7. 25058 Sulzano. Bestes Hotel in perfekter Lage. Preise ab EUR 128,00 (DZ). www.rivalago.com. **Villa Rosa Ristorante Pizzeria Albergo** Via Cesare Battisti, 47. 25058 Sulzano. 030 985557. www.villarosasulzano.it. Preise ab EUR 60,00 (DZ). Tolle Lage für einen sehr guten Preis. Keine Luxusherberge. Tolle Pizza. **TIPP | Albergo Aquila** Via C. Battisti, 87. 25058 Sulzano. 030 985383. Einfaches Albergo direkt an der Hauptstraße. Günstig und kultig. Wirk wie ein altes Sanatorium, aber wirklich mit Stil. Man isst dort auch sehr schön neben einer grünen Oase. Preise ab EUR 70,00. www.albergoristoranteaquila.com. **Costa Paradiso** Via C. Battisti, 21. 25058 Sulzano. 032 96883595. www.costaparadisoiseo.it. Bestlage mit einem riesigen Grundstück direkt am See. Preise ab EUR 100,00 (Ein-Zimmer-Appartment).

Die besten Restaurants in Sulzano

Der Wochenmarkt findet am Dienstag auf der Piazza 25 Maggio (beim Rathaus) statt. **Trattoria Cacciatore** Via Molini, 28. 25058 Sulzano. 030 985184. Stimmungsvolles ehrliches Ambiente; gute Küche. www.trattoriacacciatore.it. **Ristorante La Pernice** Via Camontaro 21. Sehr schönes Restaurant mit Terrasse und Blick auf den See; feine Küche mit guten Zutaten aus der Region. www.la-pernice.it.

CHRISTO INFORMIERT SICH ÜBER DEN FORTSCHRITT DES PROJEKTS.

Ein Blick zurück auf das Projekt ‚The Floating Piers' von Christo und Jeanne-Claude im Jahre 2016

Zwei Jahre dauerten die Vorbereitungen **zum letzten gemeinsam erdachten Projekt von Christo und seiner Frau Jeanne-Claude**, die ursprünglich schon vor 46 Jahren geplant war. ‚**The Floating Piers**' im Lago d'Iseo bilden den Abschluss zahlreicher Großprojekte, mit denen das Künstlerpaar über Jahrzehnte Millionen von Menschen begeistert hat. **Christo**, im Jahre 2016 81 Jahre alt, arbeitete ohne seine 2009 verstorbene Frau akribisch an der Umsetzung der Idee, Stege zu erschaffen, die sich ‚fließend' in ihre natürliche Umgebung integrieren. Und tatsächlich: die Übertragung der Bewegungen des Seewassers auf die untereinander beweglichen Pontons gelang. Man fühlte sich nicht wie auf einer Brücke, starr und unbeweglich, de facto isoliert vom natürlichen Nass, sondern war Teil des Wassers, nur getrennt durch eine leuchtend orangefarbene ‚**Stoffwelt**', die wie ein Lichtstrom durch den See führte. Die kilometerlangen Stoffbahnen waren von einer norddeutschen Firma hergestellt, die auch schon das Material für die Reichstagsverhüllung 1996 gestellt hatte: Ein reißfester, vliesartiger, leuchtend gelb-orange strahlender Stoff, sehr robust und anscheinend fast unzerstörbar, so wie er den Belastungen der Besucher standhielt. Denn derer gab es viele. Tatsächlich kamen viel mehr Interessierte an den See als erwartet und brachten die Aktion damit fast an ihre Grenzen: Statt 300 000 bis 500 000

DIE AKTION STIESS AUF HELLE BEGEISTERUNG.

Besucher waren es am Ende über 1 200 000 begeisterte Fans, die organisiert werden mussten. War ursprünglich geplant, den Zugang zu den Piers 24 Stunden am Tag offen zu halten, mussten schon ab dem fünften Tag die Nachtstunden für Reparaturmaßnahmen genutzt und die Piers von Mitternacht bis sechs Uhr morgens geschlossen werden. Personenzüge wurden in Brescia festgesetzt, um den Andrang am Ort des Kunstwerks zu verlangsamen und teilweise zu verhindern; ähnlich ging es den Shuttlebussen. Wer die Gegebenheiten vor Ort kennt, weiß um die Platznot, die schon zu normalen Zeiten nicht nur in Sulzano herrscht, die Gassen vorne am See sind eng und für Menschenmassen nicht geeignet. Glücklicherweise begegneten die Einheimischen, die Polizei, die Angestellten des Nahverkehrs und die Helfer Christos allen Herausforderungen mit sehr viel Freundlichkeit, Geduld und Ausdauer. So endete am 03. Juli 2016 eine rundum gelungene Kunstaktionen, eine der größten Europas. Es waren die beeindruckendsten sechszehn Tage gewesen, die die Lombardei in den letzten Jahrzehnten gesehen hatte.

Wer Christos Kunst betrachtet, erkennt in den Floating Piers die logische Folge seiner bisherigen Projekte. Vieles hat er verhüllt, er hat Sonnenschirme aufgespannt und Fässer gestapelt. Seine Aktionen gingen um die Welt und die Zuschauer fühlten sich stets als Teil seiner Kunst. Dieses Mal erschuf er etwas, was noch anziehender war als all seine Projekte zuvor. Die Floating Piers hatten etwas Faszinierendes an sich, waren vielfältig erfahrbar und lösten bei den Besuchern die unterschiedlichsten Assoziationen und Gefühle aus. Anzeichen einer allgemeinen Beseeltheit stellen sich ein, spontane Gefühlseruptionen waren keine Seltenheit. Christos Kunst bot wie so oft vielerlei Ansätze zur Interpretation: für die einen war es das Verbindende, das die Piers darstellten, für die anderen die Farbspiele, die sich im Wechsel des Lichts ergaben, wieder andere genossen den unmittelbaren Kontakt zum Element Wasser. Die auf die Pontons übertragenen Seebewegungen waren etwas absolut Neues, ungewohnt zunächst und später nicht mehr wegzudenken; auch ein Gefühl der Seekrankheit stellte sich bisweilen ein, „irgendwie schummrig“ fühlte es sich für alle an, begeisternd zudem oder gerade deswegen. Die einen legten sich erwartungsvoll auf das Vlies, genossen die Bewegungen des Wassers und wurden nach wenigen Augenblicken aufgefordert, nicht allzu lange in dieser Position zu verbleiben. Keine Unhöflichkeit, sondern schiere Notwendigkeit: schließlich strömten Unmengen an Menschen nach und die Konstruktion erlaubte nur 11 000 Besucher gleichzeitig. Zeit für ausgiebige Rast gab es nicht, angetrieben wurde aber auch nicht; man nahm es hin und ging weiter, der Respekt vor dem Wunsch vieler, das Projekt zu erleben, war bei nahezu jedem vorhanden. Schnell wurde klar, dass man die Eindrücke nicht allein auf sich wirken lassen konnte, von allen Seiten strömten die Menschen, Einsamkeit mit der Kunst war dieser Tage nicht möglich. Trotzdem blieb die Begehung ein tiefgreifendes Erleben, vielleicht auch gerade wegen der Massen. Wer Glück hatte, erlebte den Künstler live auf dem extra für ihn gezimmerten Aussichtsturm; wie auf einem ungeschmückten Rosenmontaggefährt bewegte er sich entlang der Außengrenzen seines Kunstwerks von Sulzano um die Isola bis nach Sensole. Applaus brandete auf und demütige Begeisterung machte sich in einem leisen Raunen breit. Christo war die Freude anzumerken, die Freude über die Freude der Menschen: sein Kunstwerk kam an und faszinierte zwei Wochen lang die Massen.

Die Vorbereitungen

Monatelang waren die beiden Hauptbestandteile des Kunstwerks in Italien (Pontons) und Deutschland (Vlies) hergestellt worden. Zum einen das faszinierende, robuste und wunderbar orange leuchtende Nylon-Vlies, zum anderen die 220 000 Ponton-Würfel aus Polyäthylen, die zusammengeschraubt das Fundament der Floating Piers bildeten. Die einzelnen Stoffbahnen wurden zunächst in

SULZANO IM HINTERGRUND

einer durchgängigen Breite von sechszehn Metern großzügig ausgelegt, drapiert und anschließend mit mobilen Industrie-Nähmaschinen vernäht. Allein drei Kilometer wurden für die Stege benötigt, weitere für die Belegung der Zubringerwege in den Orten und den Seepromenaden. Schon im Vorfeld wurden über die Webseite www.thefloatingpiers.com Hunderte von Helfern rekrutiert, sowohl für den Aufbau, als auch für den laufenden Betrieb.

Der Aufbau lief in Etappen: Als die Anschlussstellen der Piers fertig waren, wurden die weiteren Anbauteile zu Längen von ca. fünfzehn Metern zusammengebaut und auf dem See quasi zwischengeparkt. Man schraubte also nicht Ponton für Ponton an den Steg, der dann wie eine Wabe langsam gewachsen wäre, sondern fertigte größere Stücke am Seeufer vor, um diese dann auf den See zu befördern, an die Anschlussstelle anzusetzen und mit dem Seegrund zu vertäuen. So war der Schiffsverkehr noch möglichst lange unbehelligt. Um auf ein Geländer verzichten zu können, wurde eine Art Sicherheitsabstand zum Wasser hin festgesetzt. Boote waren stetig dabei, mit einer kleinen Welle die Ränder der Piers auf einer Breite von circa einem Meter mit Seewasser zu benetzen, um den ‚Sicherheitsstreifen' zu kennzeichnen, der nicht betreten werden durfte. Gelangte man trotzdem darauf, wurde man auch schon angemahnt, doch bitte zurückzutreten; eine (unabsichtliche) Abkühlung mit Seewasser war also kaum möglich. Insgesamt sorgten 150 Wachleute auf den Piers und in den Booten für die Sicherheit der Besucher, bestimmt, aber freundlich. Da es rund um die Aktion so gut wie keine ‚Andenken' zu kaufen gab, blickten viele Besucher neidisch auf die ‚Arbeitskleidung' der Angestellten: die dunkelblauen Dresses mit dem ‚The floating piers'-Schriftzug hätten sich als Andenken oder Mitbringsel vorzüglich geeignet. Noch während der laufenden Aktion tauchten die ersten Accessoires bei Onlinehändlern auf; der lässige blaue Hut brachte einen Betrag in Höhe von über EUR 100, winzige Vlies-Stückchen (7 x7 cm) wurden für EUR 29 angeboten.

Die Durchführung

Die Menschenmassen zu lenken, ohne dabei ein Gefühl von Gefahr oder schlechter Organisation aufkommen zu lassen, ist eine Kunst, die die umliegenden Gemeinden und Christos Team meisterlich beherrschten. So sehr man sich auch bemühte, an den Hauptströmen vorbei auf individuellen Wegen an das Kunstwerk zu gelangen, man scheiterte. An alles hatten die Veranstalter gedacht, alle Zufahrtswege in Richtung Sulzano waren von beiden Seiten weitläufig gesperrt. Nur Anwohner und Hotelgäste mit Nachweis erhielten Zugang. Wie aber konnte man den Veranstaltungsort erreichen? Mit dem Auto? Fast unmöglich; Sulzano, Hauptort der ‚Floating Piers', verfügt gerade mal über 60 Parkplätze, die während der Aktionstage als Wartebereich für die Zugfahrer genutzt wurden! Die Anreise mit dem Auto war also so gut wie aussichtlos. Die einzige Möglichkeit, das Fahrzeug abzustellen, war entlang der Zufahrtsstraßen, was aber von freundlichen Polizisten mit EUR 30 quittiert wurde; abgeschleppt wurde nur im Ausnahmefall. Viele Besucher fanden sich mit der Geldbuße ab, kamen sie so doch ein paar hundert Meter näher ans ‚Ziel'; weiter ging es dann auf den Hauptstraßen zu Fuß; ein sonst selten gesehener Anblick, wie sich Trauben von Menschen von Iseo über Pilzone nach Sulzano auf den Weg machten. Wer trotzdem über die Straße anreisen musste oder wollte, nutzte die Shuttle-Busse, die die Leute im 20-Minuten-Takt von Iseo, Pilzone, Marone und Pisogne aus allen Himmelsrichtungen nach Sulzano brachten. An den Abfahrtsorten waren Parkplätze eingerichtet worden, die meist allerdings nur auf Vorreservierung genutzt werden konnten; alle frei zugänglichen Parkplätze waren mehr oder minder durchgehend belegt. Shuttle-Parkplätze gab es bis weit ins Hinterland hinein, ein Umstand, der sich letztlich als weise herausstellte. Die Busse waren naturgemäß voll und hatten teilweise lange Standzeiten; ebenfalls war der Wartebereich meist überfüllt. Die teilweise hohen Temperaturen setzten manchen Leuten derart zu, dass die Feuerwehr mit Wasserduschen für Kühlung sorgen musste. Passiert ist allerdings nichts, wofür den Veranstaltern ein großes Lob gebührt. Rund um den zentralen Punkt in Sulzano wurden die Wartenden mit Getränken und Imbiss versorgt, mangels Platz war das große ‚Ristoro' auf den örtlichen Bolzplatz gleich oberhalb des Bahnhofs verlegt worden. Tendenziell gestaltete sich die Anreise von Süden her deutlich intensiver; ruhig ging es dagegen von Norden her zu: per Umgehungsstraße nach Marone und Sale Marasino und weiter zu Fuß oder mit dem Shuttle zum Schiffsanleger von Sale Marasino. Karten für die Überfahrt nach Carzano (Monte Isola) waren problemlos erhältlich, einzig der Marsch nach Peschiera Maraglio musste bewältigt werden, war aber in einer halben Stunde locker zu meistern. Eleganter war die Anreise mit dem Schiff: Linienverkehr und zusätzliche Schiffe beförderten die Gäste von fast allen Orten des Sees.

Die Schiffe fuhren nach Plan, von Sarnico z.B. in 1'10 h nach Sensole, der kleinen Anlegestelle auf der Monte Isola. Von Iseo aus ging es nach Sulzano oder Peschiera Maraglio (Monte Isola). Für das Hin- und Zurück-Ticket, das man auch im Vorfeld im Internet bestellen konnte, waren EUR 9 zu bezahlen. Vor allem die frühen Verbindungen waren allerdings schnell ausgebucht, zusätzliche Fahrten gab es keine. Selten hat man die Schiffe so voll gesehen. Frühzeitiges Anstellen an den Schiffsanlegern war geboten. Die weitaus meisten Besucher reisten allerdings als Tagesgäste mit dem Zug von Brescia direkt nach Sulzano an. Der Andrang zum Steg nach Ankunft am Hafen war beschwerlich und eng, vor allem als die Temperaturen zu Beginn der zweiten Woche auf gut 30° C anstiegen. Trotzdem warteten die Menschen sehr geduldig, und es kam nur selten zu Drängeleien und bedrückenden Situationen. Brisanter war die Situation in Brescia: da die Kapazität der Piers mit 11 000 Leuten (maximale Menge der Menschen, die sich gleichzeitig auf den Piers befinden konnten) begrenzt war, wurden die Zugänge zum Kunstobjekt immer wieder gesperrt; in Folge gab es Überlastungen auf den Warteplätzen, da weitere Züge und Busse ankamen. Als Konsequenz wurden Züge in Iseo gestoppt oder in Brescia erst gar nicht losgelassen. Ähnlich verhielt es sich bei den Shuttle-Busverbindungen, die nur nach Sulzano eingelassen wurden, wenn die Bahnsteige leer waren.

Christos und Jeanne-Claudes Floating Piers 2016 am Lago d'Iseo waren ein außergewöhnliches und unkommerzielles Kunstwerk. Es zog über 1.2 Mio. Menschen in nur 16 Tagen an und brach damit alle Rekorde. Christo ist unbestritten ein Künstler, der die Masse begeistert. Er schafft es, Kunst für viele zu schaffen, und entblößt sie von jeglichem finanziellem Interesse. Er finanziert das gesamte Projekt alleine und erfährt eine fast unerschöpfliche Unterstützung der örtlichen Behörden und Menschen. Dass es (wenig) Kritik gibt, die unter anderem die Absprachen mit dem Besitzer der kleinen Insel betreffen, dem Inhaber der Waffenfabrik Beretta, gehört zum Geschäft und soll hier nicht weiter kommentiert werden. Es war ein Glücksfall, dass die Verantwortlichen Christo schnell eine Zusage gaben und das Projekt ermöglichten: nicht in den USA, nicht in einer Metropole Europas, sondern am Iseosee, dem kleinen und vielfach unbeachteten Nachbarsee des großen Lago di Garda. Etwas Besseres hätte der Region gar nicht passieren können, Schattenseiten des Projekts sind nicht erkennbar.

Christo and Jeanne-Claude

Die Monte Isola

Die größte Binnenseeinsel Südeuropas (knapp 5 km²) ist eines der Topziele der Region. Sie hat über das Areal verteilt vier Anlegestellen, die regelmäßig angefahren werden. Jede 20 Minuten verkehren **Shuttle-Boote von Sulzano und Sale Marasino** und der Insel - im Sommer fast rund um die Uhr. Die Überfahrt kostet EUR 2,20 pro Person, für Hin- und Rückfahrt werden EUR 3,60 fällig. Leider ist eine Kombination aus der Hinfahrt nach Carzano und der Rückfahrt von Peschiera nicht üblich, aber mit Einbeziehung der Linienschiffe möglich. Seit Juni 2015 wird für die Überfahrt ein Zusatzbeitrag in Höhe von EUR 1 pro Person fällig. Ärgerlich! Auf der Insel wohnen ca. 1 800 Menschen, verteilt auf mehrere Ortschaften, am Ufer und in den Bergen. Der größte und beliebteste Ort ist Peschiera Maraglio an der Südspitze der Insel. Hier erinnert alles an die schönsten Orte Italiens; die mittelalterlich wirkenden Gebäude ziehen sich wohl angeordnet den Berghang hinauf. Das klare Wasser hat eine hohe Anziehungskraft, auch wenn es im Ort leider keine Badestelle gibt. Geschäfte und Restaurants erfüllen ihre Aufgabe mit Bravour, satt und zufrieden kehrt man der Insel am Abend wieder den Rücken.

Von Peschiera, aber auch von anderen Orten am Ufer aus, führen Wanderwege ins Inselinnere, das an seinem höchsten Punkt ca. 400 m hoch liegt. **Höchster Punkt** ist die beliebte Kirche '**Santuario della Madonna della Ceriola**' mit einem Superblick auf den Lago. Die schweißtreibende Wanderung führt durch Wälder und offene Bereiche in ca. 1 h auf den Gipfel. Es gibt einen Kreuzweg, eine kleine Gaststätte und die Kirche selbst. An der Tür kann man den regen Besuch an einer Fotowand nachvollziehen, wobei natürlich nur die wichtigsten Pilgerschaften gezeigt werden. Wählen Sie einen klaren Tag, um die Sicht bis an die Enden des Sees zu genießen. Auch die anderen Orte der Insel sind einen Besuch wert, **Siviano** z.B. mit einem schönen Café, einer Pizzeria und einem Hotel. Im Südwesten liegt Sensole, ein kleiner Ort, der sich in den letzten Jahren gemausert hat; unterhalb der alten Burg, die man auch besichtigen kann, sorgt eine stimmungsvolle Trattoria für Entspannung - z.B. nach einer im Sommer anstrengenden Wandertour. Unbedingt zu besichtigen ist **Carzano**, der zweitgrößten Ort auf der Isola. Von hier kann man ebenfalls ans Festland zurück. Carzano feiert alle 5 Jahre ein regelrechtes Superfest. Das '**Santa Croce**' erinnert an die Zeit, in der das gesamte Land von der Pest befallen war,

PESCHIERA MARAGLIO IST EIN HÜBSCHER ORT

Carzano aber verschont blieb. Eine Mutter, deren Kind dort von den Dorffrauen geheilt wurde, schmückte zum Dank, so die Legende, den Ort mit Tausenden von Blüten. **Heute verwandelt sich das Dorf in der Festwoche im September regelrecht in ein Blütenmeer aus Papierblumen**. Das nächste Fest findet 2020 statt. Informationen auch unter www.monteisola.eu. Wer will, kann die autofreie Insel auf dem 'äußeren Ring' einmal ganz umrunden oder wählt Teilanstiege zu den jeweiligen kleineren Orten. Auch eine Buslinie verbindet die einzelnen Ortschaften, die Tarife sind günstig. In Peschiera befindet sich zudem (sehr zentral) ein **Fahrradverleih** mit Preisen um die EUR 15 für die Tageskarte; sehr empfehlenswert. Die Insel lässt sich übrigens auch problemlos mit dem eigenen Boot anfahren, bei Peschiera stehen ca. 10 Gastanlieger zur Verfügung.

Zahlreiche Urlauber wählen die Insel als Urlaubsort, und nicht nur die mit ausgeprägtem Ruhebedürfnis. In den zahlreichen Domizilen auf der Insel ist man hervorragend aufgehoben, und wenn die Tagestouristen weg sind, hat man die Insel fast für sich allein. Die Preise liegen deutlich unter denen am Festland, auf der Ostseite entstanden und entstehen weitere, auch gut ausgestattete Unterkünfte. Ein empfehlenswertes Hotel auf der Insel ist das '**La Foresta**' ca. 2 min. westlich von Peschiera Maraglio. Für 90 EUR gibt es hier ein Zimmer mit Seeblick, unten am Wasser wartet ein kleiner Steg mit Liegestühlen. Auf der Gartenterrasse kann man wunderbar frühstücken. **Hotel**

La Foresta Via Peschiera Maraglio 174. Montisola (BS). T +39 (0)30 9886210. www.forestamontisola.it. Wer es aufwändiger liebt, wählt die Residence Castello Oldofredi in einem unschlagbaren mittelalterlichen Ambiente. Der Service ist aber von heute und exquisit, die Apartments von historisch bis modern eingerichtet. **Castello Oldofredi Residence Ristorante** Peschiera Maraglio/Monte Isola (BS). T +39 (0)338 8222202. www.oldofrediresidence.it.

Gut essen auf der Monte Isola

Die **Trattoria al Campel** hat viel Sonne, schmackhafte (Fisch-)Gerichte, und man fühlt sich willkommen; der Aufstieg zum Lokal oberhalb von Peschiera Maraglio ist nicht lang und lohnt sich! Klare Empfehlung auch für die **Trattoria del Sole** am südlichen Ende der Insel: schöne Terrasse, netter Service und eine Liegewiese am See. Gutes Eis und üppige Portionen im **Barracuda Café** an der südlichen Promenade, bei der Liegewiese.

TIPP | **Tagestouristen** und Urlauber können ihr Fahrzeug auf dem **Parkplatz** in der Via Dante Alighieri, 13 abstellen. Die Tageskarte kostet EUR 7. Infos unter www.parcheggiopermonteisola.it.

Sale Marasino und die Kirchen

Von Süden kommend ergeben sich zunächst wenig spektakuläre Einblicke, ein Touristenort sieht anders aus. Ein Baumarkt auf der rechten, ein Campingplatz, der inzwischen geschlossen ist, auf der linken Seite der Uferstraße; vielmehr ist nicht zu entdecken. Rechter Hand folgen einige einfache Hotels, die mit Angebotstafeln für ihre Mittagskarte werben. Die Pizzeria gegenüber dem öffentlichen Strandbad ist an den Sommerwochenenden sicherlich gut besucht, die vielen Biertische lassen diese Vermutung jedenfalls zu. In direkter Nachbarschaft befindet sich eine der bedeutendsten Renaissance-Bauten der Region - die **Villa Martinengo Villagana**. Leider sind nur die Außenmauern des massiven Baus zu besichtigen, nicht einmal der angrenzende Park ist für die Öffentlichkeit geöffnet. Der gesamte Komplex wurde um das 5. Jahrhundert gebaut und ist heute Zeuge der Blütezeit, als in Sale Marasino mit Holzkohle, Wolle und Olivenöl viel Wohlstand erwirtschaftet wurde. Zu dieser Zeit waren die beiden Orte Sale und Marasino, das römischen Ursprungs ist, noch getrennt.

Unangefochtener Mittelpunkt von Sale ist die prächtige **Pfarrkirche San Zenone** oberhalb der sehenswerten Uferpromenade (gegenüber der Schiffsanlegestelle). Der mächtige Bau wurde Mitte des 18. Jahrhunderts fertiggestellt und erinnert in seiner Form an den **Dom von Brescia**. Im Inneren der Kirche finden sich zahlreiche Fresken, kunstvolle Holzstatuen und ein sehenswerter Altar. Hinter der Kirche in nördlicher Richtung liegt **der alte historische Ortskern von Sala Marasino**. Am besten beginnen Sie Ihren Rundgang am kleinen Supermarkt gegenüber der Metzgerei. Rund um die Via Zirotti lassen sich einige interessante Bauten aus dem Mittelalter in einem entsprechend engen Straßen- und Wegenetz entdecken.

Der **Wochenmarkt** findet jeden Mittwoch an der Via Mazzini (südlich der Kirche) statt. Am 12. April wird das Pfarrfest San Zenone mit vielen Veranstaltungen gefeiert, im Juli ein kleines Stadtfest und im September ein Kürbisfest. Im selben Monat findet eine kleine Messe zum Thema Agriturismo statt.

Als Hinterlassenschaft der wirtschaftlichen Hochzeiten in der Vergangenheit finden sich im Ort ein paar sehenswerte Herrschaftshäuser. Neben der schon genannten **Villa Martinengo** an der Uferstraße sind dies die **Villa Mazzuc-**

sale Marasino

DIE ALTE KIRCHE SANTA MARIA IN SALE MARASINO

chelli, der **Palazzo Giugni** (Via Zirotti), der **Palazzo Sbardolini** und die **Casa Turla Taccini**. Leider sind die Gebäude sehr selten geöffnet. Zu besichtigen sind die zahlreichen Kirchen der Gemeinde, an erster Stelle die **Chiesa di San Zenone**, die dem Schutzpatron der Fischersleute geweiht ist. Die Kirche steht auf den Fundamenten einer Kirche aus dem 13. Jahrhundert. Direkt daneben ragt die alte **Kirche Santa Maria** mit einem Glockenturm aus dem 5. Jahrhundert auf. Etwas entfernt vom Ortskern kann man die **Chiesa di San Pietro di Disciplini** (Ortsteil Curetto) und die **Chiesa di San Giovanni Battista** (Conche) erkunden. Weiter oben am Hang, im Ortsteil Marasino, befindet sich die alte **Pfarrkirche Sant'Antonio abate**.

Wanderungen rund um Sale Marasino

In Portole, das man über eine enge Straße erreicht, beginnt ein schönes Wandergebiet mittleren Anspruchs. Ziel ist die **Punta Almana** (Karte), mit 1 390 m der höchste der direkt am Iseosee liegenden Berge. Am besten, Sie parken an der kleinen **Trattoria Portole** oberhalb des Ortes. Die Straße geht zwar weiter, wird aber im weiteren Verlauf zu nichts weiter als zwei Betonstreifen in der Landschaft, geeignet bestenfalls für die typischen italienischen Mini-Transporter bzw. Quads. In schöner Aussichtslage steigt der Weg relativ steil an. Bald gelangt man zu einer Gabelung, an der man sich zwischen zwei Tourvarianten entscheiden muss. Die eine führt nach Norden über die Bergsenke **Forcella di Sale** auf den Gipfel, die andere in südlicher Richtung über das **Croce di Pezzolo**. Die erste Variante ist schwieriger, der Anstieg zur Forcella teilweise gesichert und ausgesetzt. **Ungeübte Bergwanderer wählen die südliche Tour**. Über beide Wege erreicht man nach ca. 1 h den Berggrat des Almana, dem man bis zum Gipfel folgt. Dieser Weg deckt sich hier mit dem **Fernwanderweg 3V** (Tre Valli) und ist teilweise etwas schmal, nach dem Winter auch oftmals zugewachsen. Die Ausblicke während des gesamten Aufstiegs sowie vom Gipfel sind grandios. Die Monte Isola und fast der ganze See breiten sich vor einem aus. Darüber hinaus bietet sich in Marasino der Einstieg in die alte **Via Valeriana** an, die hier oben vorbeiführt. **Abkühlung nach einer ausgiebigen Wanderung** bietet das öffentliche, schön angelegte **Strandbad mit Kiosk** südlich der Ortsmitte direkt neben der Villa Martinengo Villagana. Gegenüber ist eine Pizzeria, die auf Badegäste gut eingestellt ist.

CAFE IN SALE MARASINO MIT SEEBLICK

Tipps für die Auswahl einer Unterkunft

Suchen Sie sich eine Unterkunft in den oberen Wohnvierteln, die Aussicht von dort oben auf die Insel ist sehr schön. **Hotel Villa Kinzica** Via Provinciale, 1. 25057 Sale Marasino. Die Lage des Hotels in einer Straßenschleife ist nicht ganz optimal, das Anwesen ist aber mit hohen Bäumen gut gegen den Straßenlärm geschützt. Guter Service. Preise ab EUR 90,00 (DZ). www.villakinzica.it. **Albergo Ristorante Orazio** Via Sant'Antonio, 31. 25057 Sale Marasino. 030 986174. Leicht oberhalb des Ortes mit schöner Aussicht von der Terrasse. Preise ab EUR 50,00, Halb- oder Vollpension optional. **Al Campicello** Via Campicello, 28. 25057 Sale Marasino. Nette, renovierte und günstige Apartments. Preise ab EUR 50,00 (2'er-Apartment). www.albergoristoranteorazio.it. **B&B Alla Fontana** Via Presso, 32, 25057 Sale Marasino. Günstige Unterkunft oberhalb des Ortes. Preise ab EUR 40,00 (DZ). **TIPP | B&B Vela** Via Saletto 22, 25057 Sale Marasino. Neu und super netter Service; Frühstück im Freien mit toller Aussicht!

Empfehlenswerte Restaurants

La Cantina del Torchio Via Martiri della Libertà, 35. +39 3405565422. Unscheinbares Juwel mit kleiner Karte. Empfehelenswert.www.cantinadeltorchio.it. **Agriturismo Le Fontane** Via Fontane, 29. 25057 Sale Marasino. Sehr gute Küche in schöner Umgebung. Etwas gehobene Preise. www.agriturismo-lefontane.it. **Trattoria Portole** Via Presso, 106. +39 0309820795. Gute Hausmannskost mit wunderbarem Blick auf die Umgebung. www.trattoriaportole.it. **Ristorante Pizzeria Vela** Via Saletto, 22. +39 3479154694. Noch relativ unbekanntes Terrassenresaurant mit guter Küche. www.ristorantevela.com

Was man noch über Sale Marasino wissen muss

Unten am Schiffsanleger, direkt links unterhalb der großen Kirche, kann man einen kleinen Snack im Caffè Sport einnehmen; es gibt auch selbstgemachtes Eis. Hier kommt man auch hinab, wenn man die ASV in Sale Marasino abbricht. **Eine neu eröffnete Bäckerei mit Edel-Pasticcinis** (**Briola**) sorgt für Aufregung und befindet sich seit 2020 unten an der Hauptstraße ca. 500 m nördlich des Zentrums. Der Infopoint (Touristen-Information) am Schiffsanleger hat erst vor Kurzem eröffnet.

Marone und die Oliven

Von Süden kommend überrascht Marone mit einer attraktiven Lage unterhalb eines Bergmassivs, das den Süden des Sees vom Norden trennt. Der Ort liegt schön in einem sich zum See öffnenden Talkessel, hinter dem das Gebirge rasch zu Höhen von bis zu 2 000 m aufsteigt. Der Ortskern wirkt aufgeräumt und angenehm zurückhaltend, auf den ersten Blick ein schöner Urlaubsort. Auch der zweite Blick offenbart eine **verwinkelte Gebäudestruktur am Ufer**, enge Gassen wechseln sich mit schönen Promenadenabschnitten ab und die Pfarrkirche am See überwacht gleichsam die Szenerie.

Hektik ist hier ein Fremdwort, die (Straßen)Cafés der näheren Umgebung laden zum Verweilen ein. Schön ist die Bar am kleinen Hafen kurz vor der ersten Brücke des Ortes (Stichstraße zum See am Parco publico mit ausreichend Parkplätzen). Jenseits der Bahnlinie ragt die Niederlassung eines bedeutenden Industrieriesens auf, verschmerzbarer Schandfleck für die schöne Gegend. Entlang der Straßen in die Berge finden sich viele Ferienwohnungen und Wochenenddomizile der Einheimischen aus Bergamo und Brescia - der Aussicht und der Wandermöglichkeiten wegen. Marone war, wie andere Orte der Region, früher im Bereich der Wollherstellung und -verarbeitung stark, und noch heute gibt es einige Betriebe, die sich auf Filz spezialisiert haben. Ursprünglich spielte auch die Herstellung von Holzkohle - gespeist aus den umliegenden Bergwäldern - eine wichtige Rolle, ebenso der Abbau eines bestimmten Lehms aus den nahe gelegenen Dolomitquellen des Monte Gugliemo, der bei der Entfettung der Wolle genutzt wurde. **Heute ist Marone der Ort der Olive** ('Città del Olive'). Wenn man die Valeriana von Sale herüber nach Marone nimmt, fällt die riesige Zahl an Olivenbäumen auf. Hier wird noch Olivenöl hergestellt, das den Namen auch verdient.

Jeden Donnerstag von 8.00 bis 13.00 Uhr findet im Bereich des Ortskerns der Wochenmarkt statt. Darüber hinaus wird in Marone viel gefeiert, neben den Heiligenfesten gibt es mehrere kleine Stadtfeste, die an Ereignisse in der Geschichte des Ortes erinnern. Während der Sommermonate werden am Ufer immer wieder Handwerkermärkte abgehalten, auf denen die Produkte der umliegenden Betriebe feilgeboten werden. Im Juli findet mit der '**La Sardinata**' ein gastronomisches, ursprünglich der Fischerei gehuldigtes Fest statt, an dem es überall Spezialitäten zu

MaRONe

kaufen gibt. Dazu sind die Straßen mit Musik- und Tanzveranstaltungen gefüllt. **Der 9. August ist ein örtlicher Feiertag**, da es früher Brauch war, an diesem Tag die Landwirtschaft ruhen zu lassen.

Aufgrund der ursprünglichen Besiedlung des Ortes oberhalb des Sees, steht **die alte Pfarrkirche im heutigen Ortsteil Vesto** in schöner Aussichtslage. Die Chiesa di San Pietro di Vinculis wurde schon im 15. Jahrhundert mit Resten und auf den Grundmauern einer alten Burg (12. Jahrhundert) erbaut. Die Auffahrt dorthin - Unermüdliche gehen auch zu Fuß - lohnt sich wegen der tollen Aussicht auf den Iseosee; im Inneren gibt es einige Fresken, die der venezianischen Schule zugeordnet werden. Sehenswert ist auch die **Wallfahrtskirche Madonna della Rota**, die sich an der Fahrstraße durch das Angst einflößende **Vall dell'Opol** (Opol-Tal) befindet. Die heutige Pfarrkirche von Marone, die **Chiesa di San Martino di Tours**, macht am Ufer des Sees eine gute Figur. Der stattliche und elegante Bau fällt hauptsächlich wegen seiner zahlreichen **Statuen an der Vorderseite** auf. Das Innere wird von **Gemälden aus der Schule des Romanino**, eines bekannten Künstlers aus Brescia, bestimmt. Seine wichtigsten Werke hängen u.a. in London, Berlin, Bergamo und Brescia. Im Ortsteil **Vela** befinden sich die stolzen Überreste einer römischen Villa aus dem 1. Jahrhundert nach Christus. Direkt unterhalb der Eisenbahnstrecke sind auf ca. 80 Metern die Grundmauern der Villa gut zu erkennen, wichtige Funde wie das Fundament einer Herkulesstatue wurden ins archäologische Museum nach Brescia gebracht.

Der Uferstraße in Richtung Norden folgend, erreicht man nach kurzer Zeit **die Fraktion Vello**, einen winzigen Ort, dessen Häuser eng an den schroffen Felsen des Steilhangs kleben. Die **Pfarrkirche Santa Eufemia**, unter der die Eisenbahnstrecke verläuft, und die Friedhofskirche am Ortsanfang sind einen Abstecher wert; die Uferlinie vorne am See ist gut gelungen. In Strandcafés und Restaurants lässt sich bei einem Cappuccino der Blick auf den Iseoee vorzüglich genießen. **TIPP** | Ganz am Ende des Ortes beginnt ein einzigartiger, nur für Fußgänger und Radfahrer zugänglicher Weg, der über mehrere Kilometer bis fast vor die Tore Pisognes (Fraktion Toline) reicht: die **Passegiata Vello-Toline**. Als Radtour bekannt, kann man die gut 4 km auch zu Fuß ablaufen oder joggen. **Für Hin und zurück benötigt man ca. 2 h**. Die Strecke verläuft direkt am See, meist mehrere Meter oberhalb der Wasseroberfläche auf einem asphaltiertem Weg. Die Aussicht auf die Umge-

DIE BESTE ANSICHT VON MARONE

bung ist grandios, unterwegs kann man Eisvögel, Wasserschlangen und andere Tiere sehen. Auch die Surfer und Taucher nutzen die attraktive Umgebung für ihren Sport. Auf beiden Seiten der Strecke gibt es die Möglichkeit einer Einkehr: von Süden her im Kiosk des örtlichen Seebads (Jazz Café), von Norden her im Kiosk (Porto Vecchio Food & Drink) neben der Hauptstraße auf Höhe von **Toline**.

Wer möchte, kann die Tour über Toline nach Pisogne ausdehnen. Es geht fast ausschließlich auf Fuß- und Radwegen voran, nur ein kurzes Stück muss man auf die Straße. **Kurz vor Toline tobt sich immer wieder mal die örtliche Grafitti-Szene an den massiven Betonbauten aus**; durchaus sehenswert. Kurz vor Toline wartet schon der nächste Kiosk auf einer kleinen Grünfläche am See. Mit dem Bus geht es zurück nach Vello oder Marone.

Es gibt mehrere Badestellen

Direkt an der Hauptstraße gleich hinter dem Campingplatz (in nördlicher Richtung) befindet sich das kostenlose Strandbad '**La Spaggietta**'. Liegewiese, Zugang zum See über Leitern und ein kleiner Kiosk laden zum Baden ein; günstige, kleine Speisen werden angeboten. Am nördlichen Ortsende vergnügen sich v.a. die Einheimischen an einer **Kiesbank bei der Flussmündung** in klarem Gebirgswasser. In Vello befindet sich weiterhin ein bewirtschaftetes Seebad; allerdings ist das Baden nur über Leitern möglich.

Urlauben in Marone

In Marone gibt es kein Hotel. Die meisten B&Bs liegen im oberen Ortsteil mit z.T. wunderbaren Ausblicken. **B&B Poggio Ponzariolo** Via Ponzano, 2/B. 25054 Marone. Gepflegte Pension mit tollem Blick auf den See. Preise ab EUR 50,00 (DZ). **Agriturismo El Giardi** Via Monte Marone, 9. 25054 Marone. 030 9827400. Sehr schönes Agriturismo oberhalb von Marone bei Colpiano. Einfache Zimmer. www.elgiardi.it. **B&B I Quattro Ulivi** Via Borgo Nuovo, 1. 25054 Marone. 030 987547. Zentrales Haus in Laufnähe zum See. Schöner Garten, nahe der Bahn. Preise ab EUR 60,00. www.iquattroulivi.it.

Essen gehen in Marone

Beliebt ist das **Ristorante/Pizzeria direkt vorne am Hafen** in leicht erhöhter Position. Die Tische vorne am See muss man rechtzeitig reservieren. Für einen kurzen Snack am späten Nachmittag eignet sich das kleine Bistro direkt am Hafen, inzwischen zu einer angesagten Bar gewachsen. In Vello laden die folgenden beiden etwas 'besseren' Lokale ein: **Trattoria Glisenti** Via Provinciale, 34. 25054 Marone- Loc. Vello. Roter Teppich und eine sehr schöne Terrasse (fast) direkt am See. www.ristorantelagoiseo.com. **Ai Frati** Via Provinciale, 32. 25040 Marone - Loc. Vello. 030 9827026. Mehr als eine Pizzeria. www.ristoranteaifrati.it. Einen wunderbaren Blick und Abend erleben Sie im **Ristorante Camplani** in der Via San Pietro 19 im Teilort Pregasso oberhalb von Marone.

Ausflüge in Marones Bergwelt

In gut 2,5 h kann der **Monte Guglielmo von Croce di Marone** ohne große Schwierigkeiten bestiegen werden. Vor dem Beginn der Tour steht aber die Auffahrt zum gleichnamigen Rifugio, und diese hat es in sich. Sowohl von Zone als auch von Marone geht es in zahlreichen Serpentinen (nicht durchgängig befestigt!) zur ganzjährig bewirtschafteten Schutzhütte. Vom Gipfel aus reicht der **Blick vom Alpenhauptkamm bis in die Poebene**.

Die Piramidi di Zone

Mit dem Auto fährt man **von Marone aus in ca. 20 min nach Cislano**. Am besten Sie parken auf dem großen Parkplatz beim Kiosk mit Kinderspielplatz und der **Kirche San Giorgio**. Viele Urlauber fahren hier hinaus, zumeist wegen

DIE PIRAMIDI DI ZONE UND DER BLCK AUF DEN SEE

einer erdgeschichtlichen Besonderheit: den '**Piramidi di Zone**'. Ein gut ausgeschilderter Rundweg führt die Besucher entlang der schönsten Aussichtspunkte zu den Felsformationen. **Regenwasser hat über Jahrtausende diese ungewöhnliche Erosion geschaffen**. Ganz in der Nähe wurden auf einer Felswand zudem Fußabdrücke eines Dinosauriers gefunden. Informationen im Tourismus-Büro (Pro Loco Zone) Via Monte Guglielmo, 34. 25050 Zone. www.comune.zone.bs.it.

Aufstieg nach Zone zu Fuß

Angenehmer, aber nicht minder steil, ist der **Aufstieg entlang der ASV nach Zone**. Im Ortsteil **Colpiano** am Ortsende von Marone (Via Zone, 14) steigt man in den Höhenweg ein, Parkplätze gibt es etwas unterhalb. Die Wegstrecke folgt im Wesentlichen dem Straßenverlauf, glücklicherweise in angemessenem Abstand. Unterwegs gibt es immer wieder Picknick-Bereiche. Nach gut einer Stunde erreicht man das Naturschutzgebiet '**Riserva Regionale delle Piramidi di Erosione**' und bestaunt die skurril wirkenden Fels- und Steinformationen. Weitere 30 Minuten bergauf, und man hat die 4,8 km Streckenlänge und 400 Höhenmetern - jetzt teilweise an der Straße - bis Zone geschafft.

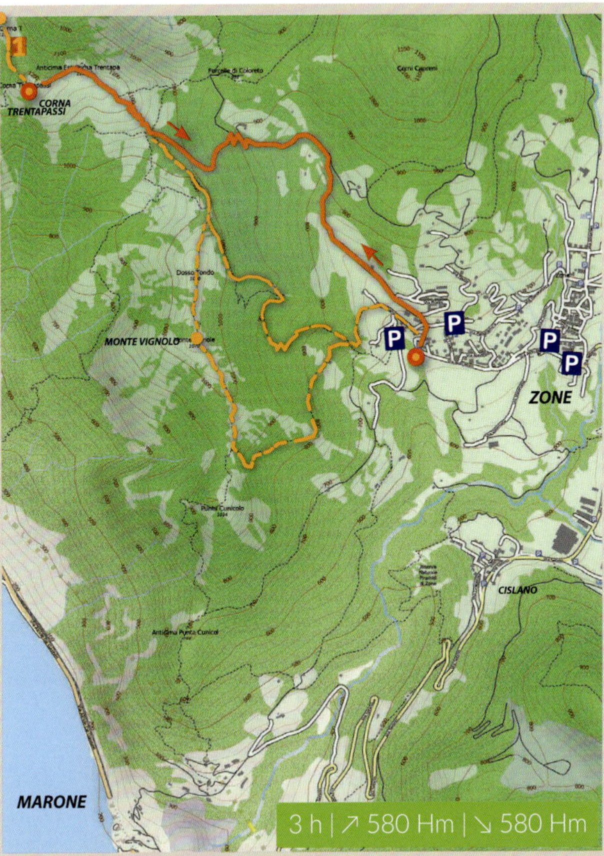

Weiter zur Corna Trentapassi

Von Zone (Ortsteil Cusato) führt ein gut markierter Wanderweg zum **Hauptberg der Gegend**, dem **Corna Trentapassi** (1 248 m). Trotz seiner moderaten Höhe von 1 248 Metern ist die Corna Trentapassi, einer der schönsten Aussichtsberge am Iseosee und sehr beliebt bei Einheimischen und Urlaubern. Die Strecke wird übereinstimmend als leicht bis mittelschwer eingestuft: die Begriffe Corna Trentapassi bedeuten so viel wie ‚die Hörner der 30 Schritte', was wohl auf die kurzen Entfernungen der drei Gipfel hindeutet. Die Wanderung dauert ca. 3 Stunden und ist auch für Kinder gut geeignet, Trittsicherheit und Schuhe mit Profil und fester Sohle vorausgesetzt. Die Wegmarkierung ist rot. Übrigens: im Ort ist ein kleiner **Alimentari-Markt**, der Dinge bereithält, die Wanderer gut gebrauchen können; die nette Dame bereitet auch Panini (Semmeln) mit Käse, Schinken und Salami zu. Die Tour beginnt an der Via Marcolano am westlichen Ortsausgang, wo sich drei Parkplätze in Laufnähe befinden. Zunächst verläuft der Weg auf einer schmalen, asphaltierten Ortsstraße, geht dann aber bald in einen schönen und schattigen Laubengang über. An der alten Brücke links. Ein Brunnen rechts sorgt für frisches Wasser und die Bodenbeschaffenheit ändert sich: ab hier geht es ca. 20 min. auf italienischem Kopfsteinpflaster weiter. Weitere 20 min. verläuft die Strecke nun auf betonierten und teilweise steilen Rampen über einige Kehren in den Bergwald hinein, den man nach 40 min. wieder verlässt; der Untergrund ist jetzt erdig und steinig. Über einen stark erodierten Bergrücken geht es dann in offenem Gelände in Serpentinen zunächst auf den Ostgipfel (Anticima Est CT, 1 192 m); am Nachmittag kann man sich hier wunderbar sonnen und ein wenig ausruhen. Für 20 min. geht es weiter bergauf, der Weg wird nun zunehmend steiler und viele wilde Wege erschweren die Orientierung; der Hauptgipfel, der Corna Trentapassi (1 248 m), ist nun erreicht. Von hier oben kann man fast den ganzen See überblicken, ins Val Camonica sehen, in einige Seitentäler und die beeindruckende Bergwelt rund um den Monte Guglielmo im Osten bestaunen. Werfen Sie noch einen Blick ins Gipfelbuch, das sich am großen Aluminiumkreuz befindet; es gibt auch ein kleines Tischchen zum Schreiben.

Auf demselben Weg geht es in gut 1 h zurück nach Zone. **Abstiegsvariante**: Wer noch Kraft und Ausdauer besitzt, kann in südlicher Richtung über den Kamm bis fast zum **Monte Vignolo** (1 070 m) hinübergehen und vor dem Gipfelaufstieg auf dem Weg 229A nach Zone absteigen; dazu zunächst denselben Weg zurück und vor Eintritt in den Bergwald den rechten Weg nehmen; Wegweisung beachten.

Von Marone aus kann man direkt zur 1095 m hohen **Punta Cunicolo** aufsteigen. Von dort oben hat man einen sehr schönen Blick auf den Iseosee. Ausgangspunkt ist ein asphaltierter Weg am nördlichen Ortsende von Marone. Dazu von der Hauptstraße kurz vor dem Tunnel in Richtung Pisogne in die Via Risorgimento abbiegen. Nach ca. 300 m - schon nach dem Bahnübergang - weist ein an einer Garage befestigtes Hinweisschild den Weg (Sentiero 264). Nach gut zwei Stunden erreicht man die Punta, über alternative Wanderwege ist eine Fortsetzung zum Monte Vignole und zum **Corna Trentapassi** möglich.

Pisogne im Norden

DER BRUNNEN IST EIN MERKMAL VON PISOGNE.

Pisogne hat in Sachen Fremdenverkehr seine Hausaufgaben gemacht. Der Ort mit industriellen Wurzeln und starker Wirtschaftskraft zeigt sich im Ortskern überraschend offen, rund um die **Piazza Umberto** sind typische italienische Stadthäuser aus den letzten Jahrhunderten zu sehen. Alle sind in unterschiedlichen Farben getüncht und bieten einen schönen Anblick. Der größte Anziehungspunkt der Gemeinde - der **Torre del Vescovo** - ist nicht zu übersehen, er hat eine bewegte Geschichte und steht für alle offen, bis oben! Folgt man der Piazza in östlicher Richtung, erscheint ganz hinten die **Pfarrkirche Santa Maria Assunta**, die günstiger nicht stehen könnte. Alles wirkt bis auf den Millimeter geplant. Hinter der Kirche beginnt der Stadtpark mit seinen schönen alten Bäumen, der großzügig angelegt und nach historischen Plänen belassen wurde.

Wer will, schlendert weiter zur **Chiesa Santa Maria dell Neve** und bestaunt ein wertvolles Werk des Künstlers Romanino. Der gesamte Bereich zwischen Kirche und See ist Fußgängerzone und die Urlauber verweilen gerne in einem der zahlreichen Gastrobetriebe oder Geschäfte dies- und jenseits der Straße. Überquert man diese in Richtung See, erreicht man die **Piazza Alpini**, hinter der sich die Schiffsanlegestelle und ein Yachthafen (ehemaliger Fischerhafen) verbergen. Vorne am See gibt es einen der schönsten Sonnenuntergänge in dieser Region: der See

PiSOGNe

taucht dabei in die schönsten Rottöne. Ein Spaziergang an der Uferpromenade in beide Richtungen bietet sich an.

Pisogne hat römische Wurzeln, zahlreiche Grabfunde deuten daraufhin. Der Name stammt vom lateinischen Wort Piso ab, andere sehen die Herkunft aus dem Adelsnamen Pisone; Vertreter dieses Geschlechts lebten einst hier. Seither hat sich **Pisogne als Knotenpunkt des Handels zwischen See und den anschließenden Bergtälern** entwickelt, Zölle wurden erhoben, entsprechend sicher der Ort ausgebaut. Nur noch wenige Mauerreste zeugen von einer Stadtbefestigung aus dem Mittelalter. Mitte des 19. Jahrhunderts wurde mit dem Bau der Verbindungsstraße nach Marone begonnen, nachdem bis dato alle Güter über die Berge und über den See transportiert werden mussten. **Die enge, ehemalige Küstenstraße ist heute ein beliebter Spazier- und Fahrradweg**, für den Autoverkehr glücklicherweise gesperrt (unbedingt ablaufen!). Neben dem Handel war Pisogne stark in der Eisenverarbeitung und der Seidenspinnerei. Auch wenn viele Betriebe nach 1945 schließen mussten, ist **Eisen heute noch einer der wichtigsten Wirtschaftsfaktoren der Umgebung**. Landschaftlich liegt Pisogne sehr schön **am Ende des Val Camonica**, einem 70 km langen Tal, das am Talonepass endet. Die Camunen - so heißen die Einwohner des Tals - leben in zahlreichen schönen Bergdörfern und Talorten, ganz voran **Darfo Boario Terme**, mit knapp 16 000 Einwohnern ein beachtliches Zentrum. Das Tal ist für seine bedeutenden **Urzeit-Felsmalereien** bekannt, die absolutes Pflichtprogramm jedes Iseosee-Urlaubs sind. Einige Abschnitte wurden in das UNESCO-Weltkulturerbe aufgenommen.

Ende September findet in Pisogne das **Festa del Fungo e della Castagna** statt. Das kulinarische Fest widmet sich ganz der **Pilz- und Esskastanienkultur** der näheren Bergwelt. Dazu werden von den Einwohnern kunstvolle Kompositionen erschaffen, die sich einer fachkundigen Jury stellen. Dem Gewinner winken vor allem Ruhm und Ansehen. Natürlich wird viel gegessen und getrunken, auch andere regionale Produkte wie Olivenöl sind im Angebot.

In Pisogne lohnen sich ein Spaziergang entlang der schönen Uferpromenade und der **Abstecher ins 'centro storico'** mit dem mittelalterlichen **Torre del Vescovo**, den schönen Kirchen und alten Stadthäusern. Den Turm umgeben einige interessante Geschichten. Als sicher scheint, dass er um 1250 von der Kirche erbaut wurde. 1462 erhielt er den Namen 'Turm des Bischofs' zu Ehren des dama-

PISOGNE UND DIE EINLADENDE UFERPROMENADE

ligen Bischofs Bartholomäus Malipiero. Der 30 Meter hohe Turm hat eine Grundfläche von 7,2 x 7 Metern. Die Mauerdicke beträgt 1,65 m, was die Macht der Kirche demonstrieren sollte. Die Positionierung am großen Marktplatz war wohl ebenfalls eine Machtdemonstration, um Ansprüche auf die Handelserlöse des Mittelalters sprichwörtlich zu untermauern. Wer die Steuern nicht zahlen konnte oder wollte, wurde in einem Käfig gefangen, aus dem Turm heraus der Öffentlichkeit und damit dem Spott der Bewohner und Handeltreibenden ausgesetzt. Die Legenden berichten auch von Hexenverbrennungen im Jahre 1518. Acht Frauen waren im Turm festgehalten und anschließend auf dem Marktplatz von der Inquisition verbrannt worden. Heute ist der Turm eingeschränkt begehbar, die Öffnungszeiten enden allerdings um 17 Uhr.

Pisogne ist ein Zentrum des Wasser- und Bergsports. Viele nutzen den schönen Ort als **Ausgangspunkt für Touren in die Bergwelt im Norden**. Vom Teilort **Toline führt ein kilometerlanger äußerst schöner Fuß-/Radweg entlang der alten Küstenstraße**, die heute für den Autoverkehr gesperrt ist. Unterwegs trifft man auf Wind- und Kitesurfer, die die starken, ab Nachmittag auftretenden Fallwinde nutzen. Silvio bietet im Sporthafen einen tollen Service für Freizeitkapitäne. Alle Infos und Preise unter www.portogaen.it.

Direkt gegenüber der **Kirche Madonna delle Neve** ist ein riesiger Parkplatz. Viele Wanderer starten von hier in die

Antica Strada Valerina (ASV), eine schöne Infotafel samt Richtungsweisern steht direkt auf dem Kirchplatz. Während der AVS zunächst im Tal weiterverläuft, führt der Sentiero 202 erst entlang der Straße, später über Wanderwege zum **Kirchlein San Martino** mit einem schönen Ausblick auf den See und ins nahe Val Camonica. Der Weg führt noch weiter bis zum **Sentiero de Tre Valli** (3V). Die Strecke verläuft dabei relativ eben, ein schöner Höhenweg entlang des Hangs.

Eine überschaubare Wandertour auf den **Monte Aguina** beginnt in der Via Sandro Pertini, 1, einem eher unschönen Teil Pisognes genau gegenüber der Zementfabrik. Von der Hauptstraße beim ersten Kreisverkehr von Marone kommend in Richtung Valpalot abbiegen. Parkplätze gibt es links nach dem Brücklein über einen im Sommer ausgetrockneten Wasserkanal. Diesen Kanalweg läuft man zunächst einen Kilometer entlang. Die Straße wird später immer schmaler und sogar unbefestigt. Folgen Sie dem Weg, der als Sentiero 209 ausgeschildert ist. (Und denken Sie daran, dass nach dem Winter schmale Wege nur schwer erkennbar sein können.) Im Bergdorf Terzana nimmt der Weg eine deutliche Wendung und steigt im Anschluss stark an. Ziel ist der Gipfel des Monte Aguina (1 248 m) mit Almbetrieb. Zahlreiche Sentieri erschließen das riesige Gebiet östlich von Pisogne, das durch großflächige Hochebenen charakterisiert ist. Gut sind diese mit dem Fahrrad zu erkunden.

Im Norden des Ortes hinter dem Yachthafen liegt der großzügige **Lido Goia Pisogne** mit großem Parkplatz und Schwimmbecken (eintrittspflichtig). 300 m weiter westlich gibt es eine Liegeweise mit Seezugang.

Übernachten in Pisogne

In Pisogne wählt man ein Hotel vorne am See, an der südlichen Promenade oder entlang der Verbindung vom See zur Kirche - 'vista lago'. **La Pieve di Pisogne** Via Don G Recaldini, 1. 25055 Pisogne. Schöne erhöhte Lage mit Blick auf den nördlichen Iseosee. Wellness- und Themenangebote (z.B. für MTBiker). Preise ab EUR 120,00 (DZ). www.lapievedipisogne.it. **Hotel Capovilla** Via Papa Paolo VI, 7. 25055 Pisogne. Zentrales Haus mit ordentlichem Service. Zimmer zur Straße meiden. Preise ab EUR 87,00. www.hotelcapovilla.it. **Agriturismo Romangelo** Località Zanacco. 25055 Pisogne. 340 8871272. Tolles Haus in den Bergen mit Blick auf den See. Preise ab EUR 30,00 (p.P.). www.romangelo.it. **Campeggio Eden** Via Piangrande 3/A. 25055 Pisogne. 0364 880500. Schön gelegener, einfacher Platz direkt am See. www.campeggioeden.it.

Gut essen in Pisogne

In Pisogne gibt es rund um die Hauptplätze am See und beim Turm mehrere, eher touristisch ausgerichtete Lokale. Gerne und gut isst man im **Restaurant des Hotels Capovilla**, die Terrasse liegt allerdings relativ nah zur Straße. Kulinarische Highlights findet man am ehesten im '**Il Melograno**', dem Restaurant des Hotels La Pieve. Die Adressen finden Sie weiter oben. Bei Einheimischen und Weinliebhabern beliebt ist das **Ristorante Braceria Pizzeria Trani** in der Via Ortaglie 4.+39 0364 86834. www.ristorantebraceriatrani.it. Sensationelle Aussicht und regionale Spezialitäten bietet das **Ristorante Trattoria Dosso Seradino** in der Localita Dosso Seradino. +39 328 718 1125. www.trattoriadossoseradino.it.

TIPP | Von Pisogne aus führt eine Umgehungsstraße (Tunnel) nach Lovere, die im Sommer und an den Wochenenden Fahrzeit spart und die Nerven schont. Wer ins Valcamonica oder nach Costa Volpino möchte, verlässt die Straße an der entsprechenden Ausfahrt. Kurz bevor es nach Bergamo und zum Lago d'Endine geht, verlässt man die Straße und erreicht nach kurzer Zeit den Südteil von Lovere. In der Folge führt eine gut ausgebaute Landstraße nach Süden, die Besiedlung lässt gegenüber der anderen Seeseite deutlich nach - die landschaftlichen Gegebenheiten sind andere.

Die Westseite des Lago d'Iseo in der Provinz Bergamo

Sarnico

Sarnico ist ein angenehmer und freundlicher Urlaubsort ganz unten im Süden, dort, **wo der Fluss Oglio den Iseosee wieder verlässt**. Er gehört zu den reichsten Orten am See, allein der Bevölkerungszuwachs in den letzten Jahrzehnten spricht eine deutliche Sprache. Früher umsatzstarker Handelsort, setzt man heute unter anderem auf den Tourismus. **Der schönste Teil Sarnicos verläuft halbkreisförmig um die Brücke nach Paratico**. Die Altstadt ist verwinkelt, hübsch und es gibt einige interessante historische Gebäude. Am nördlichen Ende steht die sehenswerte **Pfarrkirche San Martino di Tours aus dem 17. Jahrhundert**, in unmittelbarer Nähe die Kirche San Rocco. Unten am See ist die Piazza, auf der donnerstags der große Wochenmarkt stattfindet. Ganz in der Nähe verbirgt sich auch das gut ausgestattete Tourismus-Büro.

Wer lieber am See bleibt, kann **die gelungene Promenade** ein gutes Stück Richtung Süden ablaufen. Erst am **Lido di Sarnico**, der durch ein kurzes Stück an der Straße zu erreichen ist, endet der ca. 1,5 km lange Uferweg; Privatgrundstücke mit sehenswerten Villen versperren von hier ab leider den Weg. Davor ist allerdings der üppige Yachthafen zu bewundern, wo vor allem im Sommer die eine oder andere Superyacht ankert. Am Ende der Marina wartet glücklicherweise ein sympathisches Café auf die Spaziergänger. Ab jetzt wird es abenteuerlich: da eine große Fabrik das Weiterflanieren verhindert, wurde kurzerhand ein schmaler Hilfssteg gebaut, der die Fußgänger trockenen Fußes an der Firma vorbei steuert. Auch auf der anderen Seite der Brücke (nach Paratico) führt ein Fußweg entlang des Flusses bis zur Wehranlage, die den Fluss bändigt, was man sich bei der geringen Fließgeschwindigkeit im Sommer kaum vorstellen kann. Der Bereich nahe der Flussmündung ist übrigens ein beliebter **Treffpunkt der Einwohner von Sarnico** und auch der Urlauber. **Zwei urige Eisdielen** haben bei schönem Wetter Hochkonjunktur, rund um die Häuschen, die wie auf Balkonen direkt ins Wasser gebaut sind, herrscht großer Andrang, auf schmalen Bänken kann man dem sommerlichen Treiben entspannt zuschauen.

Sarnico feiert einmal im Jahr das große '**Sarnico Busker Festival**'. Unzählige Künstler wie Akrobaten, Straßenmusiker oder Kabarettisten zeigen ihr Können auf den Straßen rund um die Altstadt. Als Künstler kann man sich offiziell bewerben, mitmachen darf jeder. Das Festival findet

Arrivederci
SARNICO

meist Ende Juli und Anfang August statt. Kulturell hat Sarnico immerhin eine **Pinakothek mit ca. 150 Gemälden aus dem 15. bis 17. Jahrhundert** zu bieten. Die Pinacoteca '**Gianni Bellini**', die auch antike Möbel und andere Kunstwerke zeigt, hat ihren Sitz im **Palazzo Gervasoni im Centro storico**. Weiter sind zwei alte Türme und mehrere schöne Villen zu sehen. Die schönsten liegen allerdings außerhalb des Ortskerns in Richtung Predore, sie gehören zu den bedeutendsten **Jugendstil-Häusern der Lombardei** (Villa Surre und Villa Faccanoni).

Die Riva-Werft aus Sarnico

Weltruhm erhielt Sarnico durch **Carlo Riva**, der um 1842 vom Comer See hierher kam, um **den Bootsbau zu revolutionieren**. Er verwendete Holz, wie alle zur damaligen Zeit, doch was er und später sein Sohn daraus machten, war grandios. Dieser Mann hat mit seinen Fähigkeiten und Fertigkeiten einen **Mythos** geschaffen, **der bis heute als einzigartig gilt**: die Motorbootmarke Riva. Wer eins dieser Motorboot ruhig und schnell an einem der oberitalienischen Seen an sich vorbeiziehen sieht, staunt unweigerlich: ob der Eleganz, Kraft und ob des Stolzes, die dieses Motorboot für jeden Menschen ausstrahlt, egal, ob er mit dieser Art des Wassersports etwas anfangen kann oder nicht. **Geboren wurde der Mythos in den 50'er Jahren des 20. Jahrhunderts**. Mehr durch Zufall war der Urgroßvater des Firmengründers, Carlo Pietro Riva, ca. 100 Jahre zuvor am Comer See von einem Iseosee-Fischer 'entdeckt' worden. Pietro verarbeitete den Werkstoff in einer Art, die der Fischer bis dato nicht gekannt hatte. 'Komm mit mir an den Lago d'Iseo und eine goldene Zukunft steht dir offen'. So in etwa sollen die Worte des Fischers gelautet haben. Pietro ging ohne Zögern mit und reparierte in Folge hauptsächlich bei Unwettern oder Unfällen beschädigte Fischerboote. Bald schon hatte sich Pietro Riva am ganzen See einen guten Namen erarbeitet und seine kleine Schiffstischlerei in Sarnico lief immer besser.

Auch seine Söhne Ernesto und Serafino arbeiteten im elterlichen Betrieb und eigneten sich viele dieser besonderen handwerklichen Techniken an. Insbesondere Serafino sammelte wichtige Erfahrungen im Bereich des Biegens von Holz für die Rumpfbeplankung. Nach dem Tod des Bruders 1907 übernahm er federführend die Werft und krempelte den Betrieb massiv um. Das bisherige Kerngeschäft, den Bau von Transportbooten, gab er auf und konzentrierte sich zunehmend auf die Konstruktion kleinerer, aber schnellerer Freizeitboote. Anfang des 20. Jahrhunderts verbesserte sich die Motorentechnik zunehmend, und Autorennen wurden zu einer boomenden Sportart, die auch die Massen begeistern konnte. Analog dazu entwickelte sich der Bootsrennsport europaweit und in den USA, und gerade an den italienischen Seen gab es regelrecht einen Hype. Einen weiteren **Schub bekam der Sport nach Ende des 1. Weltkriegs**, als nicht mehr benötigte Flugzeugmotoren aufgrund ihrer Bauart und Stärke Einzug in den Wasserrennsport fanden. Serafino Riva vermochte dabei einen Bootstyp zu konstruieren, der so ruhig und sicher im Wasser lag, wie kein Boot zuvor. Starke Motoren und der mit Mahagoni beplankte Rumpf sowie die aufwändige Lackierung und Verzierung waren die Erfolgsfaktoren der Motorbootwerft Riva, die immer weitere Kreise zog. Die Rennerfolge Serafinos machten die Marke bekannt und die Auftragsbücher voll. 42 Jahre später übergab Serafino Riva die Werft an seinen Sohn Carlo. Die Aufbaujahre nach dem 2. Weltkrieg und der wachsende Wohlstand sorgten in der Folge für die erfolgreichste Zeit für Riva. Die zahlreichen Aufträge sorgten bald für die notwendige Umgestaltung der Produktionsart von der Einzel- zur Serienfertigung, **Carlo kreierte PS-starke Kunstwerke**, die zu Verkaufsschlagern wurden.

Die High Society kaufte den Laden regelrecht leer, jeder, der konnte, musste eine oder mehrere Riva besitzen: **Brigitte Bardot**, **Sophia Loren**, **Gunter Sachs** etc. Zu den besten Zeiten verließen **bis zu 18 Boote pro Tag das Werk** in Sarnico. Wichtigste Neuerung im Produktionsprozess war dabei die Umstellung der mühevollen Einzelbeplankung des Rumpfes auf die Beplankung mit maschinell vorgefertigten (in Form gebogenen) Rumpfhälften. Zeitgleich entstanden an vielen Orten der Welt ähnliche Bootstypen, die weitläufig als '**Runabout**' (Rennsemmel) bezeichnet wurden. Die bekanntesten Marken waren die 'Chris Craft' aus Amerika und die 'Boesch' aus der Schweiz, die wie die alten Riva-Boote heute Höchstpreise erzielen.

Weitere Informationen zur Geschichte der Marke gibt es unter www.riva-yacht.com. Im Netz tummeln sich auch die nationalen offiziellen Fan-Clubs mit den wichtigsten Daten zu Veranstaltungen in ganz Europa. Wer einmal ein Riva-Treffen erleben möchte, sollte gelegentlich die Eventkalender durchsehen. **Das letzte große Treffen am Lago d'Iseo fand zu Ehren des 90. Geburtstags von Carlo Riva 2012 statt**. Infos zum 170. Jubiläum der Firma Riva gibt es unter www.riva170.com.

Unter dem Namen 'RAM - Riva Excellence' kümmert sich der Enkel des großen Carlo heute um die Wartung und Restauration von klassischen und nichtklassischen Riva-Booten. R.A.M. Spa Via Predore, 28. 24067 Sarnico. T +39 035 910326. www.riva-ram.it. **TIPP** | Wenn Sie eine **Riva mieten** möchten, kann Ihnen am ehesten die Werft bellini nautica weiterhelfen. Hier kann man auch Riva-Boote kaufen. **Bellini Nautica & Showroom** Via Carlo Lanza 28. Clusane d'Iseo. www.bellininautica.it.

Der Sentiero Forcella - Molere

Die gut zweistündige Wanderung ist erst seit kurzer Zeit wieder möglich und verläuft rautenförmig gegen den Uhrzeigersinn in den Anhöhen hinter Sarnico. Sie bietet einen schönen Blick auf den See, Sarnico und die Flusslandschaft des Giglio. Am besten Sie starten beim Parkplatz in der Nähe des großen Kreisels (beim Friedhof) in der Via Alpini beim Kiosk Sapori e Passioni, wo man zum Ausklang eine Stärkung zu sich nehmen kann; am Parkplatz befindet sich ein erster Wegweiser. Schon nach 70 m zweigen Sie halbrechts ab, die Straße beginnt anzusteigen. Nach 150 m queren Sie durch einen kleinen Fußgängertunnel auf die Parallelstraße, der Sie bis zum Ende folgen. Links kann man kurz optional zur **Chiesetta degli Alpini** abzweigen, mit ca. 5 min. sind

SARNICO IST KEIN KLEINES DORF!

Sie dabei. Es bleibt allerdings zunächst noch städtisch, ein kurzes Stück auf einem Trampelpfad, weitere 400 m auf einer Betonpiste mit Querrillen und endlich führt uns ein schmaler Wanderpfad nach 500 m zur **Forcella Molere**, was eigentlich das **B&B Forcella** (QR-Code mit mehr Informationen!) mit toller Aussicht ist. Ein paar Wanderzeichen, eine Holztafel ohne Inhalt und eine Bank verführen zu einer kleinen Pause. Anschließend folgen wir dem Wanderzeichen ‚**Forcella Molere**' scharf links in Richtung Gipfel; es geht in ein paar Kehren zum Grat, dem wir weiter leicht ansteigend folgen. Die Strecke ist zunächst sonnig, später auch waldig und mehrere Picknick-Plätze folgen. Der Gipfel ist als solcher kaum erkennbar, und bald geht es wieder bergab. Nächstes Ziel ist das **Croce del Sarnico**, ein cooler Aussichtspunkt mit wehender Bandiera. Der Abstieg nach Sarnico naht und entlang eines Themenweges namens ‚**La rocca dei Sensi**' ist der Ort nach wenigen Minuten erreicht.

Die Wasserqualität im Uferbereich zwischen Predore und Sarnico ist gut. 2020/21 gab es keine Beanstandungen. Die öffentlichen Bäder waren allerdings coronabedingt geschlossen. Das Lido Nettuno bietet einen ca. 100 m langen Steg als Einstiegsstelle ins Wasser. Das Wasser wirkt dort sauber, strahlt in grünlichem Blau, Algen finden sich nur im Hochsommer. Ansonsten bietet das Bad mehr als man erwarten kann. Sport- und Freizeitanlagen zeigen sich gepflegt, überall tönt Musik aus Outdoorlautsprechern (nicht jedermanns Sache!) und für die Verpflegung ist gesorgt. Direkt an der Provinzstraße (Nr. 469), Eintritt frei. Geöffnet von Mai bis September, von 9 bis 20 Uhr, Mo ab 14 Uhr, an den Wochenenden Partybetrieb bis 23 Uhr.

Übernachten in Sarnico

Das Angebot an Wohnungen ist mittelmäßig, für einen längeren Aufenthalt eher zu betriebsam. **B&B Centrostorico** Via Lantieri 26. 24067 Sarnico. T +39 (0)333 3944995. Preise ab EUR 60 (DZ). Mitten in der Altstadt. Sehr schön. www.centrostoricosarnico.it. **La Contrada** Via Lantieri 22. 24067 Sarnico. T +39 (0)35 914529. Preise ab EUR 60 (DZ). Hier passt sehr viel. Günstig und gut. www.bblacontrada.com. **Hotel Sebino** Piazza Oliva Besenzoni, 1. 24067 Sarnico. T +39 (0)35 910043. Preise an EUR 120 (DZ). Angenehmes Haus an der Durchgangsstraße. Zimmer zum Markplatz könnte von Vorteil sein. www.hotelsebino.it.

Gut essen gehen in Sarnico

Ristorante Panorama Via Faletto, 18. 24067 Sarnico (BG). T +39 (0)35 936124. Allein wegen der Aussicht auf den See muss man hier essen. **Cascina Oglio** Località Fosio. T (0)35 914125. Tolles Essen in ungewöhnlicher Umgebung mitten auf der Wehrinsel auf dem Fluss Oglio! Auch gute Übernachtungsmöglichkeit. www.cascinaoglio.it **Soul fruit** Piazza XX Settembre, 24. 24067 Sarnico. T +39 (0)345 9312673. Veganes Restaurant mitten in Italien! **Dinner Al Numero 24** Piazza XX Settembre, 24, 24067 Sarnico. +39 035 910408. Bestes Lokal in Sarnico; kreative, italienische Küche am Rande der Altstadt. www.dinnersarnico.com. **Agriturismo Cascina Oglio** Via Fosio, 24067 Sarnico. +39 035 914125. Sehr authentisches Landlokal etwas außerhalb am Fluss Oglio. www.cascinaoglio.it.

PREDORE

Predore, die Unscheinbare

Der für die Geschichte Predores so wichtige '**halbe Turm**' ist ein Relikt aus der Zeit, als die Familie Foresti die Geschicke des Ortes maßgeblich gelenkt hat. Die Überreste des **Torre Foresti** (gebaut im 8. und 9. Jahrhundert) stehen auf einem leider nicht zugänglichen Gelände mit traumhafter Villa (Lanza) direkt neben der Anlegestelle. Der Turm selbst, mit das letzte Überbleibsel einer alten Befestigungsanlage, wurde vor langer Zeit von einem Erdrutsch beschädigt. Nur ein paar Schritte weiter befindet sich eine kleine **römische Ausgrabungsstätte**. Die **Terme romane** ist kostenlos, ebenfalls das kleine '**Museum**' mit ein paar wenigen Fundstücken. Schöne alte '**Palazzi**' und tolle Seeblicke entdeckt, wer ein wenig zwischen den Häusern herumläuft. Auf Höhe des Rathauses (Municipio) bietet sich ein Abstecher in den kleinen Ortskern mit Besichtigung der schönen Pfarrkirche (**Parrocchiale del Sacro Cuore e di San Giovanni**; an der Hauptstraße) und dem Uferbereich an. Ein schöner Spaziergang führt zur **Wallfahrtskirche Madonna della Neve**, die man über eine Treppe von fast 300 Stufen erreicht. Von hier aus hat man einen wunderbaren Rundumblick.

Von Predore zur Punta Alta

Wunderschöne Höhenwanderung zum östlichen Ausläufer des **Corne di Predore**, die man von Predore aus über einen sehr steilen Weg zum **Santuario de San Gregorio** erreicht. Sehr schmaler Bergpfad, mit Ausblicken von Sarnico bis zur Monte Isola; im Mai/Juni

GANZ VORNE AM ECK BEFINDET SICH DAS RISTORANTE IL GABBIANO.

blühen hier oben sehr seltene Pflanzen. Im Juni 2021 war der Weg etwas eingewachsen, wir hoffen, es lag an Corona und der Alpenverein geht die Sache demnächst an. **Optional kann die Tour über die Punta Alta** noch gesteigert werden. In Predore folgt man der Straße links des Rathauses nach oben; bald wird die Straße enger und steiler. Für Fußgänger gibt es ein paar Alternativen, viele Autos fahren hier aber eh nicht. Bald erreicht mein ein gelbes Haus mit Wanderkarte und wenigen Parkplätzen, es ist das **Wasserwerk von Predore**. Wir halten uns rechts und erreichen nach 2-3 Kehren den Treppenaufstieg zur Santuario; alternativ folgt man der schmalen Straße weiter. Die Treppen haben es in sich und rauben einiges an Energie für den Rest des Tages. Schön ist der Blick vom Balkon des Gotteshauses auf den See und Predore. Hinter der Kapelle geht es noch ein paar Treppen weiter und man befindet sich wieder auf der Betonrampe mit Querrillenmuster. Es wird für 20 min. sehr steil und damit richtig anstrengend; erst am Picknickplatz mit Wegweisern und Wanderkarte endet die sportliche Herausforderung und das eigentliche, flache und 2 km lange Wegstück beginnt. Landschaftlich reizvoll verläuft die Strecke weitgehend im offenen Gelände, nur das letzte Drittel ist waldig. Am Casa di Monte endet der Weg 733 und geht in Weg Nr. 707 zur Punta Alta (953 m) über. Durch Wald geht es steil bergauf, steinig, erdig und geröllig wechseln sich ab. Am Gipfel angekommen, begeistert der Ausblick. Über den Westgrat mit der Wegnummer 734 steigt man ab und trifft bald auf den Aufstiegsweg in der Nähe der Santuario.

Gut übernachten in Predore

Hotel dell'Angelo Via Roma, 8. 24060 Predore. T +39 (0)35 938040. Preise ab EUR 60 (DZ). Ordentliches Hotel mit guter Küche, etwas zurückgesetzt von der Straße; im Zentrum. www.hoteldellangelo.com. **Beach Hotel Eurovil** Via Sarnico, 94. 24060 Predore. T +39 035 938648. Preise ab EUR 95 (DZ). Schöne Anlage am See mit Pool und Wellness. Nicht alles ist auf dem neuesten Stand. www.hoteleurovil.it.

Gut essen in Predore

La Marinetta Via Del Porto, 2. 24060 Predore. T +39 339 640 4100. Schönes Lokal am See. www.lamarinetta.it. **Ristorante I Giardini Al Lago** Piazza Achille E Cesare Bortolotti 16, 24060 Predore. T +39 035 1996 6225. Interessante See- und Meerestiergerichte. www.igiardiniallago.it. **Il Gabbiano** Via Ario Muciano, 2. 24060 Predore. T +39 (0)35 938481. Bestlage direkt am See. Essen in Ordnung.

Was man noch über Predore wissen muss

Relativ neu und sehr beliebt ist das **Molo 31**; dort sitzt man direkt am See und genießt gekühlte Getränke. Noch weiter südlich - beim Cocca Hotel - gibt es einen schönen Uferstreifen mit Bademöglichkeit. Im Ristorante **Marinetta am Hafen** sitzt man auf der Dachterrasse wie ein König.

TB LIEGT MALERISCH AN EINER LANDSPITZE.

Tavernola Bergamasca ist ein kleiner Ort **am Flüsschen Rino auf Höhe der Monte Isola**. Natürlich geht es per Schiff im Stunden-Takt hinüber zur Insel, doch auch Tavernola selbst muss sich nicht verstecken. Schön liegt der Ort in einer Talsenke zwischen hohen Bergflanken und überrascht mit einer 2 km langen Promenade am Wasser in Richtung Süden. Direkt am See in bester Lage findet sich ein Restaurant an einem Grünstreifen mit Brunnen; gemütlich isst man ein Eis auf den zahlreichen Bänken. **Sehenswert sind der mittelalterliche Turm**, die sehenswerte **Kirche Santa Maria Maddalena** in der Ortsmitte und die **Chiesa di San Pietro** (13. Jahrhundert; zu erkennen an dem roten Kreuz an der Fassade) im oberen Ortsteil. Beide Kirchen verfügen über einen schön ausgestalteten Altarbereich (Kirchen nicht immer geöffnet!); von der Kirche San Pietro hat man zudem einen schönen Blick auf Tavernola Bergamasca und den Iseosee, der Weg ist allerdings steil und mit Kopfsteinpflaster belegt.

Im Juli feiert der Ort das Fest der Sardine (**La Sagra della Sardina**) - interessanterweise lebt im Iseosee eine Sardinenart, die die Umstellung auf Süßwasser über die Jahrtausende überstanden hat. Mehrmals im Jahr werden Fischerbootrennen veranstaltet. Der Ort ist eingebettet in eine wunderbare Bergregion. Neben steilen Spaziergängen zu den oberen Ortsteilen bietet sich eine ca. einstündige Wanderung auf den alten Kopfsteinpflasterwegen hinauf zum Bergdorf Vigolo (Sentiero 705) an. Folgen Sie der Via Valle bergauf zur Via Rino, die für den Verkehr gesperrt ist. Gerade für Urlauber gibt es hier oben ein bestens ausgestattetes **Wandergebiet** zwischen 900 und 1300 m, eine super gemachte Wanderkarte und ausreichend Parkplätze. Wir empfehlen hier die große Runde um den Talkessel; mehrere Gipfel (colli) können gegen den Uhrzeigersinn erreicht werden.

Unterkünfte in Tavernola Bergamasca

La Malpensata Via Pero, 4. 24060 Tavernola. +39 (0)338 1865565. Sehr schönes und aufwendig restauriertes Haus. www.lamalpensata.com. **Un Angolo di Relax** Ferienwohnung. Località Bianica 7/b, 24060 Tavernola Bergamasca. Über booking.com buchbar.

Gut essen in Tavernola Bergamasca

Trattoria Il Porticciolo Via Roma 24. 24060 Tavernola Bergamasca. T +39 035 932041. Man sitzt etwas erhöht, das Essen ist ok. www.trattoriailporticciolo.com. **Ristorante Pizzeria La Sirena** Via Roma 51. 24060 Tavernola Bergamasca. T +39 (0)35 932920. Bei schönem Wetter kann man nicht besser sitzen.

Tipp: Achten Sie darauf, dass die Schifffahrt Tavernola nur im Sommer und das nur dreimal am Tag anfährt; eine genaue Zeitplanung verhindert lange Wartezeiten.

Riva di Solto

Riva di Solto ist der perfekte Urlaubsort, nur deutlich zu klein. Die meisten Urlauber fahren vorbei, da die Uferstraße nicht gleichzeitig die Durchfahrtsstraße ist! Wer dennoch hinunterfährt, wird mit einem gelungenen Ensemble belohnt. Hier passt einfach alles, es gibt einen schönen Platz am See, ein nettes Café mit Außenbestuhlung, zwei historische Palazzi und einen mittelalterlichen Turm. Man fühlt sich sofort wohl und möchte bleiben. **Der regelmäßige Schiffsverkehr**, die **Nähe zu Lovere** und **die vielen Ferienhäuser in Solto Collina** samt Verbindungsstraße nach Bergamo machen den Aufenthalt attraktiv.

Riva di Solto gilt als best erhaltenes, mittelalterliches Dorf am Lago d'Iseo. Erst Mitte des 19. Jahrhundert wurde der Ort über die Uferstraße von Sarnico angebunden. Zuvor gab es ausschließlich Verbindungen über den See oder die Berge. Riva war von Anfang an die Hafensiedlung von Solto Collina, das oberhalb des Ortes liegt und (Tipp!) von der Sonne verwöhnt ist. Am östlichen Rand des Dorfes ist die **Pfarrkirche San Nicola** , wahrscheinlich im 11. Jahrhundert erbaut, während zu Beginn des 15. Jahrhundert das **Votiv-Oratorium von San Rocco** an der westlichen Ortsgrenze entstand. Entlang der gesamten Uferpromenade kann man bestens erhaltene Steinhäuser aus dem 12. und 13. Jahrhundert entdecken; zwischen diesen Häusern verlaufen senkrecht zum See verlaufende, steile Verbindungswege in den oberen Ortsteil. Zu erwähnen sind der **Palazzo Polini im Ortskern** und im südlichen Ort der **Palazzo Martinoni**.

Einen kleinen Campingplatz gibt es auch, und somit ist das hervorragende Bild dieses Ortes vollständig. Ein paar Tage Urlaub in Riva di Solto sind auch wegen der **Nähe zum Val Camonica**, **dem Lago d'Endine** und dem **Valle Freddo** absolut empfehlenswert. Direkt hinter Riva folgt das **Naturschauspiel Borgo** (Orrido) **di Zorzino**, ein beeindruckendes Steilmassiv mit schöner Badebucht. Zahlreiche Motorboote gehen hier aufgrund der windgeschützten Lage und des klaren Wassers vor Anker. Am Ufer lädt eine kleine Badestelle zum Verweilen ein.

Wanderungen rund um Riva di Solto

Über den Sentiero 568 geht es über ein paar Umwege auf den Colle di Luen (882 m). Die Strecke lässt sich gut als Rundwanderweg direkt von Riva di Solto aus starten.

ZIEMLICH BESTER ORT IN RIVA DI SOLTO

Beim kleinen Flüsschen (Brücke, Zebrastreifen und Holzschilder) zweigt der Wanderweg entlang des Bergbachs nach oben in Richtung Fonteno ab, unmittelbar daneben sind Parkplätze. Beim Weiler Zango entscheidet man sich zwischen Fonteno und Monte.

Unterkünfte in Riva di Solto

Im unteren am See liegenden Dorf gibt es nur wenige Möglichkeiten. Im oberen Dorf sieht es wesentlich besser aus, eine Vielzahl an Wohnungen werden privat vermietet. Die Aussicht ist genial, die Anfahrt etwas müßig. **Camping Trenta Passi** Via XXV Aprile, 1. 24060 Riva di Solto. T +39 (0)359 80320. Netter kleiner Platz mit allem, was man braucht. Zwischen See und Straße. Preise ab EUR 7 (Stellplatz) Erwachsene ab EUR 6,50. Geöffnet von Mitte Februar bis Dezember! www.trentapassi.it. **B&B Ai Ronchi** Via Ronchi, 8. 24060 Riva di Solto. T +39 (0)35 985102. Preise ab EUR 70 (DZ). Super Lage, moderne Zimmer, Pool mit Aussicht. www.aironchi.it. **Esprit D'Hotel Panoramico** Via Palazzine, 30. 24060 Fonteno. T +39 (0)35 969027. Preise ab EUR 160 (DZ). Im Ortsteil Fonteno mit Superblick und gutem Service. www.panoramicohotel.com. TIPP | **Hotel Miranda** Via Cornello, 7. Riva di Solto. +39 (0)35 986021. Super Blick auf den Iseosee! www.hotelristorantemiranda.com.

Gut essen in Riva di Solto

Ristorante Zu Via XXV Aprile, 53. 24060 Riva di Solto. T +39 (0)35 986004. Im Ortsteil Zu ca. 0,5 km südlich vom Ortskern auf einer kleinen Landzunge. Bestlage zum See. Das Essen und der Service italienisch gehoben. www.ristorantezu.it. **Trenta Passi** Via XXV Aprile, 1. 24060 Riva di Solto. T +39 (0)359 80320. www.trentapassi.it.

Das Big Bench Community Project

Das nach den Ideen des amerikanischen Produktdesigners **Christopher Bangle** ins Leben gerufene Projekt beschert dem Iseosee mal so eben vier interessante Wanderungen. Ziel der jeweiligen Strecken ist eine überdimensionierte Parkbank – **Big Bench** – genannt. Chris Bangle, u.a. Chefdesigner bei BMW von 1992 bis 2009, hat für seine Ideen die italienische Provinz Piemont ausgewählt, und hier stehen inzwischen 123 große Bänke. Eine beeindruckende

Panchina Gigante di Fonteno (und Riva di Solto)

Schöne Panorama-Wanderung an der Westseite bei Riva di Solto. Zwei Streckenvarianten erlauben die Wahl zwischen einer kürzeren, leichteren und einer etwas schwereren Tour, je nachdem, ob man Riva di Solto oder das

Bergdorf Fonteno als Ausgangspunkt wählt. Für ein Gipfelerlebnis bietet sich der **Aufstieg zum Monte Boario** an.

DAS BERGDORF FONTENO LIEGTMITTEN IN DEN BERGEN.

Startpunkt Fonteno (0,5 h)

Zunächst fahren Sie über die Strada provinziale (SP77) von Riva di Solto (Nord) hinauf nach **Solto Collina**. 200 m nach dem großen Kreisel in der Ortsmitte folgen Sie vor der Tankstelle links der Beschilderung nach Fonteno (4 km). In **Fonteno** befinden sich mehrere Parkplätze, eine vor dem Marktplatz links abwärts, einer nach dem Marktplatz rechts aufwärts. Am Donnerstag findet auf der Piazza vor der Pfarrkirche der Wochenmarkt statt, frisches Obst und Gemüse, Käse aus der Region und andere Spezialitäten und Waren werden angeboten. Für die Wanderung queren Sie den Marktplatz südwärts und schlagen an dessen Ende in Richtung Rathaus (municipio) scharf rechts der Via Papa Giovanni XXIII bergauf ein. Jetzt geht es auf einer asphaltierten Straße ca. 300 m leicht bergauf, immer wieder gibt es Ausblicke auf den See zu bewundern. Die Straße geht bald links steil bergauf, Sie folgen aber dem schmalen Pfad rechts, ein Schild weist daraufhin, dass die Benutzung mit Fahrrädern verboten ist. Ab hier sind es ca. 15 min. bis eine Holztreppe die Wanderer nach unten zur Bank führt; der Weg führt teils durch Wald, teils durch offenes Gelände. Genießen Sie den Ausblick auf den nördlichen Iseosee, ein kleiner Picknick-Bereich lädt zum Verweilen ein. Sollten Sie im Besitz eines **Big-Bench-Passports** ein, stempeln Sie entsprechend ab.

Der Passport ist ein kleines Sammelalbum für alle Big Benches im Piemont, er ist hier erhältlich: **Hotel Ristorante Panoramico**, Comune Riva die Solto, Comune Fonteno, Bar Caffè del Porto, Alimentari-Giornali (Fonteno).

Startpunkt Riva di Solto (1,5 – 2 h)

Etwas anspruchsvollere Tour, die Sie am besten am Parkplatz 3 beginnen; dieser Parkplatz befindet sich kurz nach dem Ortseingang (von Süden kommend) an der oberen Ortsdurchgangsstraße. Den ersten großen Parkplatz lassen Sie passieren, nach nur 100 m folgt der Parkplatz P3; dort beginnt der Wanderweg direkt neben dem Flüsschen San Rocco. Mehrere Wanderzeichen geben Orientierung: CAI 567, CM1 oder Fonteno, da können Sie nichts falsch machen. Nach nur 80 m, auf Höhe des Parkplatzendes, zweigt man links in einen schmalen Pfad ab, der schnell bergauf zum **Weiler Zangolo** führt. Immer die Beschilderung 567 im Blick, queren Sie im weiteren Verlauf eine Serpentinen-Betonpiste und erreichen parallel zum Hang nach ca. 10 min. den Ort Xino, einen Ortsteil von Fonteno. Folgen Sie - vorbei an Wohnhäusern, landwirtschaftlichen Anwesen und Bachüberquerungen - der Asphaltstraße nun ca. 1 km. Leider führen die letzten 500 m entlang der Hauptstraße bis Fonteno (Marktplatz). Ab hier folgen Sie der Beschreibung der Tour 1.1.

Lovere

Lovere

Lovere ist neben Iseo und Sarnico die '**Metropole**' am nördlichen Iseosee. Von Süden her kommend, erreicht man den Ort zunächst über die Ortschaft Castro. Der erste Eindruck ist eher schockierend, denn eine riesige Industrieanlage begrüßt einen mit dem für eine italienische Fabrik typischen Äußeren. Schnell lässt man die riesige und hässliche Anlage (Produktion von Rädern für Schnellbahnen) hinter sich und fährt entlang der Uferlinie in Richtung Ortskern. Bald taucht auf der rechten Seite der Segelclub samt beeindruckendem Yachthafen auf, wo man gut parken kann. Rund um den Club wurde vor Jahren ein ungenutztes Areal zu einem Begegnungszentrum mit Geschäften, Cafés und einem kleinen Amphitheater (ähnlich einer Kurmuschel) geschaffen, das im Sommer von den Einwohnern gerne genutzt wird. Zahlreiche Veranstaltungen laufen hier ab, darunter Flohmärkte, Freiluftkonzerte oder Stadtfeste. Hinter dem Yachthafen taucht zwischen See- und Uferstraße ein Hallen- und Freizeitbad auf, wie es - außer am Gardasee - eigentlich kaum an italienischen Seen anzutreffen ist. Im Sommer und bei schlechtem Wetter ist dies gleichermaßen eine willkommene Abwechslung, die große Liegewiese und die Rutschen sorgen bei Alt und Jung für Begeisterung.

Bemerkenswert sind der alte Stadtturm, die bedeutende **Basilika di Santa Maria in Valvendra** und die **Accademia Tadini**, die nicht nur ein beachtliches Museum beinhaltet, sondern Mittelpunkt der kulturellen Szene am oberen Sebino überhaupt ist. **Lovere ist sicherlich der attraktivste Urlaubsort am nördlichen See**, viele Freizeitmöglichkeiten in den Bergen sorgen für Kurzweil und Abwechslung. Zudem gibt es zahlreiche Unterkünfte in jeder Preisklasse bis hinab zum Bettenhaus am Hafen, das nicht nur von jungen Leuten besucht wird.

Für eine Erkundungstour erhält man im Tourismus-Büro den typischen und nützlichen Stadtplan. Gekonnt markiert die freundliche Dame die '**klassische Tour**' durch den Ort. Man beginnt an der sehenswerten und zentralen **Piazza tredici martiri** gegenüber und betritt die Altstadt über die **Via Catolotti**. Nach dem ersten Linksschwenk erscheint die **Piazza Vittorio Emanuele II** mit dem beeindruckenden und kürzlich renovierten Stadtturm ‚**Torre Soca**'; das massive Gebäude stammt aus dem 13. Jahrhundert und kann erklommen werden. Der Blick von oben ist wirklich schön. Nach wenigen Metern gibt es einen Hinweis auf eine 'mit-

DER BELIEBTESTE PLATZ IN LOVERE

telalterliche Verbindung', die bei Kindern sehr beliebt ist und bei der **Kirche di San Giorgio** wieder auf den Hauptweg trifft. Weiter geht es zum modernen **Santuario delle Sante Geroa e Capitanio** und anschließend bergab und vorbei am **Torre delli Alghisi** zur **Accademia**. Eine schöne Runde, um in ca. 30 min. den Ort kennenzulernen. Jedes Bauwerk verfügt über eine ansprechende Infotafel in Italienisch und Englisch.

Die Accademia di belle Arte Tadini

Das große klassizistische Gebäude an der Uferpromenade fällt jedem Besucher sofort ins Auge. Hier schlägt das kulturelle Zentrum des Alto Sebino (des oberen Iseosees). Es wurde 1829 von seinem **Gründer Ligi Tadini** eröffnet und war Ausdruck einer Öffnung hin zu den schönsten Künsten, inspiriert von den Auswirkungen der Französischen Revolution und der Belle Epoque. Heute beinhaltet die Akademie eine Vielzahl an Sammlungen aus Kunst, Malerei, Musik und Archäologie. Mit Ausstellungen gibt man sich in Lovere allerdings nicht zufrieden, zusätzlich wird unterrichtet, in Musik und Malerei - sogar in Meisterklassen. Respektabel für diesen kleinen Ort. Bravo! **Accademia di Belle Arti Tadini** - **Palazzo Tadini** Via Tadini 40. 24065 Lovere (BG). T +39 (0)35 962780. direzione@accademiatadini.it. www.accademiatadini.it. Das Naturkundemuseum '**Museo civico di Scienza Naturali**' informiert in mehreren Abteilungen an verschiedenen Standorten im Ort über die Natur. www.museoscienzelovere.it

Die Kirchen in Lovere

Zu erwähnen ist die **Renaissance-Basilica di Santa Maria in Valvendra** aus dem 15. Jahrhundert, benannt nach dem gleichnamigen Tal. Im Inneren beeindruckt die stattliche Kirche mit dem von **12 Säulen gesäumten Kirchenschiff**. Die sehenswerte Kirche ist eine Sammelstelle für religiöse Kunst und ein Muss für Kirchenliebhaber; sie steht am nördlichen Ortseingang und ist von außen eher unauffällig. Die Kirche war einst als Votivschrein für die Jungfrau Maria von DEN Familien von Lovere erdacht worden. Für den Bau war es notwendig, das **Valvendra-Bächlein** umzulenken, und hat es kurzerhand kanalisiert. Im **Gotik-Renaissance Stil** light hat das Gotteshaus eine einfache Fassade, der ein Portikus mit 33 Stufen folgt; sie symbolisieren das Lebens Jesu, und die Fresken im Inneren faszinieren nicht minder. Es gibt Reliefbilder zu Ehren der Dreifaltigkeit aus dem Jahr 1580 und für die Unbefleckte aus dem Jahr 1544 und 1535 von Andrea da Manerbio. Hervorzuheben sind die Gemälde der Kapelle des San Francesco von Gian Giacomo Barbelli von 1647.

BEEINDRUCKENDES INTERIEUR

Die Orgel ist ein wesentlicher Teil der Basilika und zeichnet sich durch die von **Floriano Ferramola mit dem Verkündigungsthema bemalten Türen** aus. Weiterhin finden sich Fresken der Heiligen Faustino und Giovita von Alessandro Bonvicino, genannt Moretto. **Der marmorne Hochaltar wurde von Andrea Fantoni erbaut**.

Interessant, aber nicht wirklich schön ist das **Santuario delle Sante Bartolomeo Capitanio e Vincenza Gerosa** an exponierter Position. Das ganze Gebäude wirkt wie ein Dom aus der Neuzeit. **Fertigstellung war das Jahr 1938** unter dem Bischof von Brescia. Der mit rosa Granit verkleidete Bau wird von außen von einem schlanken Glockenturm dominiert. Die beiden Laubentreppen sind mit Mosaiken aus der Schule des Vatikan verziert, die auf Entwürfen des Malers Pasquale Arzuffi beruhen. Der Innenraum hat einen quadratischen Grundriss, der ein griechisches Kreuz mit drei Schiffen umfasst. Das große **Mittelschiff mit den vier Säulen** trägt ansehnliche Spitzbögen mit Kreuzgewölbe. Das gesamte Kircheninnere trägt unzählige Kunstwerke verschiedener Künstler; allesamt in schlichtem Stile gemalt, zeigen sie die wichtigsten biblischen Szenen. Der Chorumgang vor dem Eingang und die Altäre werden von **Buntglasfenstern von Costantino Grondona** erhellt. alle zeigen die Schutzheiligen der Provinzen, in denen sich die Kongregation der Barmherzigen Schwestern gegenwärtig befindet. In den Seitenapsiden werden die **Reliquien der Heiligen Bartolomea und Vincenza** verehrt. In der Mitte beherbergt der Hauptaltar auf der Vorderseite ein Relief mit der Absetzung Christi nach einem Modell von Giovanni Manzoni. An den Wänden des Presbyteriums malte Umberto Marigliani links die Brot- und Fischvermehrung und rechts die Hochzeit zu Kana.

Aus dem 15. Jahrhundert stammt die **Chiesa di San Giorgio** mitten in der Altstadt. Die drei-schiffige Kirche wurde auf dem ursprünglichen Sockel des Torre Soca erbaut und besticht durch die schöne und prunkvolle Innengestaltung. **Das 1655 von Simone Sacella (aus Lovere) erbaute Sandsteinportal** wird von der Statue des Heiligen Georg dominiert, ein Werk des neoklassizistischen Bildhauers Giovanni Maria Benzoni.

KARTE VON LOVERE, ERHÄLTLICH IN DER INFO

Rund um Lovere gibt es viel zu entdecken

Lovere ist der zentrale Ausgangspunkt für Ausflüge im Norden. Landschaftlich und naturkundlich höchst interessant ist der Ausflug ins südwestlich gelegene **Val Cavallina**, wo mehrere Bergseen und das berühmte - weil unterkühlte - **Valle del Freddo** mit gleichnamigen Naturpark liegen. Im Norden beginnt das **Valcamonica**; mit seinen bedeutenden Felsmalereien weltweit bekannt, bietet es eine beeindruckende Bergwelt und mit **Darfo Boario Terme** ein weiteres interessantes Ausflugsziel.

DER NACHBARORT CASTRO LIEGT SÜDLICH VON LOVERE.

Der Nachbarort Castro

Für den Tourismus mäßig interessanter Ort mit wenigen Highlights. Der Platz an der Schiffsanlegestelle eignet sich für eine kleine Pause mit Espresso an der Bar. **Der Blick über die Oglio-Bucht, hinüber nach Pisogne** und auf den südlichen See ist am Abend besonders schön. Sehenswert sind die ehemalige **Kirche San Giacomo** und der daneben liegende ungewöhnliche Neubau (in Italien sieht man selten neu gebaute Kirchen!). Weiter entlang der Uferpromenade erscheint bald die **Casa Tedoldi mit Arkadengang**, bis sich schließlich der Bergbach Tizzano über mehrere Stufen lautstark in den See ergießt. Ganz in der Nähe befindet sich auch der '**Parco del Tinazzo**' , eine Art Klamm, die der Tizzano in Jahrtausenden geformt hat. Zugang über die Via Corna, es gibt eine gut gemachte Broschüre ('Il sentiero tra Lago e Lago'). Rathaus (Municipio) Via Matteotti, 45. 24063 Castro (BG). T +39 (0)35 960 666. www.comune.castro.bg.it

Ausflug zum Lago d'Endine

Der gut 6 km lange See hat eine Fläche von 2 km^2 und eine max. Tiefe von 9 m. Zahlreiche Gemeinden liegen um den See verstreut; touristische Angebote wie schön gelegene Cafés oder Restaurants muss man allerdings mit der Lupe suchen. Doch es gibt sie: in Monasterolo ein schönes Strandbad und mit dem Ristorante Laguna eine gute Möglichkeit am See zu essen. Beliebt ist der See bei Anglern, die vor allem im nördlichen Teil ein ergiebiges Fischgebiet vorfinden. Angelboote werde vor Ort verliehen, Angelläden sind an jeder Ecke zu finden - Karpfen, Zander, Hecht und Waller warten schon.

Naturwunder Valle del Freddo

Ein Kleinod für Naturfreunde ist das Valle del Freddo. Die einzigartige Lage am Fuße eines Nordhangs sorgt für hochalpine klimatische Bedingungen, wie sonst erst oberhalb der Baumgrenze. Die kargen Böden und die niedrigen Temperaturen bringen sogar Edelweiße hervor. Der Park darf nur in Begleitung eines Naturführers und zu ausgewählten Zeiten betreten werden: Samstag und Sonntag und nur in den Monaten Mai, Juni und Juli. Anmeldungen bei der Parkverwaltung 'Comunità Montana dei laghi bergamaschi' in der Via del Cantiere, 4. T +39 (0)35 4349811 oder im Tourismus-Büro an der Schiffsanlegestelle.

Besuch im Bergort Clusane

Der Ort mit 8 000 Einwohnern im Val Seriana ist nicht zuletzt wegen seiner zahlreichen Baudenkmäler einen Besuch wert. Neben einer Planetenuhr aus dem 16. Jahrhundert lassen sich einige gut erhaltene Palazzi und Kirchen bewundern, unter anderem die Basilica di Santa Maria Assunta. INFORMATIONEN | Bei Pro Clusone an der Piazza Orologio, 21. 24023 Clusone (Bg). +39 (0)346 21113. info@turismoproclusone.it. www.turismoproclusone.it.

Das Thermalbad Darfo Boario Terme

Schon Alessandro Manzoni besuchte Mitte des 19. Jahrhunderts die Thermal- und Heilwasserquellen von Darfo Boario Terme. Spätestens 1913 wurde mit dem Bau der

Marmorkuppel die Bedeutung des Kurorts manifestiert. Heute ist die Anlage eine der wichtigsten ihrer Art in Italien; Die Terme di Boario mit Wellness und Spa ohne Limit. Der angegliederte Adventure Park mit Seilgarten, Sommerrodelbahn und anderen Freizeitmöglichkeiten lockt auch Kinder und Jugendliche an. Darfo ist Hauptstadt und Regierungssitz des Val Camonica mit ca. 15 000 Einwohnern. Das Castello Montecchio, von dem nur noch die Grundmauern stehen, ist dem Verfall überlassen worden. Unter www.termediboario.it. Terme di Boario S.p.A. - Piazzale delle Therme, 3. 25041 Darfo Boario Terme (Bs). T +39 (0)364 525011. Ab 30 EUR für 3 Stunden; Zusatzleistungen kosten extra.

Wanderungen rund um Lovere

Für Fußgänger wie Mountainbiker gleichermaßen interessant ist die Tour hinauf zum **Rifugio Magnolini** (Sentiero 551). Zunächst geht es über die Teilorte Qualino und Flacanico nach **Ceratello**, wo man gut parken kann. Von dort läuft man in ca. 4 h hinauf zur ganzjährig bewirtschafteten Berghütte. Die Schwesterstrecke (Sentiero 552) führt über das Dorf Bossico und den Monte Croce in gut 3 h zur Frischwasserquelle '**Fontana Fredda**'. Beide Touren bedürfen einer gewissen Erfahrung in den Bergen.

Sehr zentral und zu Fuß zu erreichen ist das '**Piscine di Lovere**', ein Bäderkomplex, dem man in dieser Form an den italienischen Seen selten begegnet. Es ist überhaupt schwierig, Hallenbäder zu finden, die einen verregneten Frühjahrs- oder Herbsttag retten können. In Lovere ist das möglich! Das Bad hat ganzjährig geöffnet, im Winter naturgemäß nur der Hallenbereich mit 25-Meter-Becken. Im Sommer erfreuen ein großes rundes Abenteuerbecken, eine Bar, ein Restaurant und eine große Liegewiese mit Seezugang. Das ganze Jahr über werden zahlreiche Wasser-Fitness- und Entspannungsprogramme angeboten. Informationen unter www.piscinedilovere.it. Die Eintrittspreise sind moderat (Familie mit zwei Kindern ca. EUR 16,00). Piscine di Lovere. Via G. Paglia, 3/A. 24065 Lovere (Bg). 035 960 466.

Übernachten in Lovere und Umgebung

In Lovere gibt es ein Vier-Sterne-Haus, einige Mittelklassehotels (Albergo) und gute B&Bs. Auch ein Youth-Hostel mit Preisen ab EUR 20,00 lockt Schulklassen, Gruppen und Familien. Die meisten Unterkünfte liegen in der Nähe des Uferbereichs, die Durchgangsstraße fest im Blick. **TIPP** | Ein gutes Hotel ist immer nur so gut wie die Lage des Zimmers. Buchen Sie also stets mit Seeblick, sonst landen Sie im Hinterhaus mit Blick zur Straße bzw. zu einer grauen Hausfassade! Schön ist der obere Ortsteil, wo ein Blick auf den See und die Umgebung lockt, hier liegen einige gute B&Bs. **Hotel Lovere Resort & Spa** Via Marconi, 97. 24065 Lovere. Bestes Hotel am Ort inkl. exklusivem Spa-Bereich. Preise ab EUR 89,00 (DZ). www.hotellovere.it. **Hotel Spa Castello** Via Del Santo 1, 24065 Lovere. 035 964129. Etwas erhöhte angenehme Lage mit Zimmern zum See. Preise ab EUR 120,00 (DZ). **Villa Palma Bed & Breakfast** Via Nazionale 5, 24065 Lovere. 035 972150. Bestnoten für dieses alte stilvolle Haus am See. Preise ab EUR 60,00 (DZ). www.bbvillapalma.it. **Bed&Breakfast 'Giardino sul Lago'** Via Bergamo, 10/12. 24065 Lovere. 035 960767. Schöne Lage beim Yachthafen mit sehr netten Gastgebern. Preise ab EUR 58,00 (DZ). www.giardinolago.com. **Ostello del Porto** Via Paglia, 70. 24065 Lovere. 035 983529. In der Nähe des Yachthafens schläft man im Ostello di Porto bereits ab EUR 19,00 im Mehrbettzimmer. Günstiger geht es am Iseosee nicht. http://digilander.libero.it/ostellodelporto. Die nächsten Campingplätze findet man in Riva di Solto und Pisogne.

Essen gehen in Lovere

Einen wirklich großen Supermarkt sucht man in Lovere vergebens, dafür gibt es viele kleine Alimentari (=Lebensmittelläden) und Spezialitätengeschäfte in der Fußgängerzone und entlang der Hauptstraße. Wochenmarkt: direkt auf dem großen Parkplatz gegenüber dem Rathaus (Municipio) auf der Piazzale Marconi; immer am Samstag von 8.00 bis 13.00 Uhr. Unzählige Restaurants buhlen um die Gunst der Besucher. Fast wie an einer Perlenschnur ziehen sie sich am Ufer entlang - und das Essen ist überall gut, Entscheidungskriterien sind hauptsächlich Lage und Preis. **Parol Osteria** Vicolo Caserma, 4. 24065 Lovere. 035 960818. Bestes Lokal der Stadt. www.ristoranteosteriaparol.it. **Was man noch wissen muss**

Lovere ist über ein modernes Tunnel- und Schnellstraßensystem optimal mit der Umgebung verbunden. Die meisten Ziele im Norden, auf der anderen Seite des Sees sowie im Valle Cavallina mit Lago d'Endine sind so recht zügig zu erreichen.

Index von A bis Z

T

U

V

W

Z

Impressum

Zwischenräume Verlag
Robert Hüther
Markbronner Weg 11
89077 Ulm

1. Auflage 2022
ISBN 978-3-943663-31-0

Texte und Recherche: Robert Hüther

Fotos: Robert Hüther, visitlakeiseo.info, 123rf
Titel und innen: Robert Hüther

Kartografie: www.alpenkarte.eu. Daten von OpenStreetMap - Veröffentlicht unter ODbL; Leaflet | Map tiles © Schneider Geo, Map data © OpenStreetMap contributor; Kartendaten können unter derselben Lizenz weiterverwendet werden.

Druck: Wir machen Druck; Backnang

Kontakt: info@zwischenraeume-verlag.de
www.zwischenraeume-verlag.de

Produkte aus dem **Zwischenräume Verlag**:

... seit 10 Jahren auf Reisen!!!

Zwischenräume Verlag
2022